Wolf Schneider

Deutsch für junge Profis

Wie man gut
und lebendig schreibt

Rowohlt
Taschenbuch Verlag

5. Auflage Juni 2014

Veröffentlicht im Rowohlt Taschenbuch Verlag,
Reinbek bei Hamburg, Mai 2011
Copyright © 2010 by Rowohlt · Berlin Verlag GmbH, Berlin
Umschlaggestaltung ZERO Werbeagentur, München,
nach einem Entwurf von any.way, Walter Hellmann
Satz aus der Plantin und Frutiger PostScript, PageOne,
bei Dörlemann Satz, Lemförde
Druck und Bindung Druckerei C. H. Beck, Nördlingen
Printed in Germany
ISBN 978 3 499 62629 6

Inhalt

Wo liegt das Problem?   9

WAS FÜR ALLE TEXTE GILT:

Das volle Leben   13
1   Feurig beginnen   13
2   Also gut: 20 Sekunden!   17
3   Die Brezeln und der Zimt   22
4   Nur einen Bruchteil sagen   27
5   Meistens viel zu viel – manchmal zu wenig   30
     Die Rückkehr des Wortrauschs   35
6   Die schöne Redundanz   38
7   Pfeffer und Pfiff   44
     Zwischenbilanz (1)   49

Das pralle Wort   51
8   Mit Silben geizen: Yes, we can!   51
     Wortdreimaster   55
9   Lasst Verben tanzen!   58
     Passiv und falsches Imperfekt   63
     Rote Karte – Gelbe Karte   64
10   Mit Adjektiven knausern   67
     Schlussverkauf   72

11	Der Krampf der Synonyme	73
12	Die Krux mit den Sprachtabus	78
13	Die Anglomanie	82
14	Eierkuchen, Leierkasten	87
	13 bemooste Textbausteine	90
15	Woran die Zimmerpflanzen sterben	96
	Zwischenbilanz (2)	99

Der schlanke Satz 101

16	Phrasen-Leimer am Werk	101
17	Der schöne Nebensatz	104
18	Im Hauptsatz ist die Kraft	108
19	Nach 6 Wörtern: Sense!	111
20	Der Atem bringt's	117
21	Sätze wie Pfeile	120
22	Anstandshalber sollte man …	123
23	Mit Kommas Musik machen	127
	Zwischenbilanz (3): Die elf Gebote des Satzbaus	131

UNTERSCHIEDE – NACH DEM MEDIUM:

24	Fürs Hören schreiben	135
25	Die Kunst der Rede	139
	Tucholskys «Ratschläge für einen schlechten Redner»	142
	Brillant, aber gemein	143
26	Die (h)eilige Mail	144
27	Luther und Twitter – Arm in Arm	148
28	Blogger contra Journalisten	154
29	Wo wird gelesen?	159
	Satzverhau zerhacken!	163

UNTERSCHIEDE – NACH DEM ZWECK:

30	Die nackte Information	167
	«Liebe» – zum Abgewöhnen	170
31	Doktorarbeit und Bewerbung	171
	«Fleckenoptionen» – zum Liebhaben	175
32	Ans Werk!	177

Anhang

Namen- und Sachregister   181

Wo liegt das Problem?

Wer schreibt, möchte meistens Leser haben. Aber es wird unendlich viel mehr geschrieben als gelesen. Mails und Briefe haben noch Chancen, weil sie sich an bestimmte Adressaten richten – Blogs, Zeitungsartikel, Pressemitteilungen, Werbetexte landen blind in einer mäßig oder gar nicht interessierten Welt. Sie müssen sich behaupten inmitten von Millionen gedruckter Wörter und der Milliarden, die täglich gemailt, gebloggt, gesimst und getwittert werden. *Nicht* gelesen zu werden (und schon gar nicht bis zum Schluss) ist ihr bei weitem wahrscheinlichstes Schicksal.

Wer das Unwahrscheinliche schaffen will, der muss sich zwei Einsichten öffnen. Erstens: Der Deutschunterricht hat mich darauf absolut nicht vorbereitet – es reicht nicht, dass die Grammatik stimmt. Ja, stimmen soll sie! Aber gewonnen ist damit noch nichts. Mit perfekter Grammatik lassen sich die scheußlichsten Sätze zimmern – in akademischen, bürokratischen und vielen journalistischen Texten täglich nachzulesen. Auf der Basis der korrekten Grammatik muss ich eine Kunst erlernen, die in der Schule ignoriert worden ist: *wie man für Leser schreibt*.

Zweitens aber: Ganz ohne Plage geht das nicht. Am Anfang steht die Erkenntnis: Ein Text ist nicht schon deshalb gut, weil er (a) korrekt und (b) von mir ist. «Es trägt Verstand und rechter Sinn mit wenig Kunst sich selber vor»: Dieser Satz ist von Goethe und völlig falsch. Mit wenig Kunst (oder gar von selbst) läuft gar nichts in der Sprache. Auch Goethe hat *gefeilt* an seinen Texten, und als Bert Brecht der Satz gelungen war «Stell dir vor, es ist Krieg, und keiner geht hin», hatte er ihn möglicherweise herausgemeißelt aus einem Versuch wie diesem: «Man stelle sich vor, dass kriegerische Handlungen in Ermangelung hinlänglicher Teilnehmerzahlen gar nicht stattfinden könnten.»

Goethe und Heine, Kafka und Brecht: Oft und unerschrocken werden sie im Folgenden zitiert. Denn weit mehr als Deutschlehrer oder Professoren der Germanistik, Linguistik und Literaturwissenschaft sind sie es, die uns helfen: Sie hatten den Ehrgeiz, gelesen zu werden – «Wer aber nicht eine Million Leser erwartet, sollte keine Zeile schreiben», sprach Goethe zu Eckermann.

Die Großen wussten auch, wie man das schafft; und sie zeigen: Was ein guter, starker Satz ist – das hat sich in tausend Jahren nicht geändert. Es gilt für die Bibel und den Blog, den Zeitungsartikel wie den Geschäftsbericht. So können die ersten zwei Drittel dieses Buches von den Regeln und Erfahrungssätzen profitieren, die schon Luther beherzigt und eine moderne Wissenschaft abgesichert hat.

Was Sie schreiben, ist *Ihre* Sache – aber *wie* Sie es formulieren sollten, damit es die Chance hat, beachtet zu werden, zu wirken, vielleicht sogar Sympathie zu stiften: Das lässt sich lernen. Mit 32 Rezepten kommen Sie diesem Ziel schon ziemlich nah – und rasch werden Sie die Heerschar der Einfach-drauflos-Schreiber ebenso hinter sich gelassen haben wie die der verkorksten Germanisten.

Zumal, wenn Sie die Sprache *lieben*. Nur wer sie umarmt, kann ihr schöne Kinder machen.

WAS FÜR ALLE TEXTE GILT:

Das volle Leben

1
Feurig beginnen

«Wir trafen Jesus in der Mittagspause kurz vor der Kreu-
zigung.» So begann der *Stern* seinen Bericht über ein Pas-
sionsspiel in Florida. Und wer nach diesem ersten Satz
den zweiten *nicht* liest, der ist nicht von dieser Welt. Furios
hatte die Illustrierte auf ihre Weise das Problem gelöst, vor
dem wir alle stehen, wenn wir uns Leser wünschen – egal,
ob für Blogs, Briefe, Prospekte, Artikel oder Bücher: Wer
soll das lesen? Wen wünschen wir uns? Und haben wir für
ihn den richtigen Köder an der Angel?

Denn ohne Köder widerfährt unserm Text das leider
allzu Wahrscheinliche: Gelesen wird er nicht. Meistens
ungelesen weggeworfen werden Kundenzeitschriften und
Prospekte. *Angelesen* werden in der Zeitung *viele* Artikel
(falls nicht schon die Überschrift langweilig ist) – zu Ende
gelesen die wenigsten. *Ganz gelesen* werden zuverlässig
nur Schulaufsätze, Diplomarbeiten und Erpresserbriefe;
schon Liebesbriefe nicht immer.

Diese vier Sonderformen des Geschriebenen aber zielen
auf einen einzigen Leser. Der Journalist, der Öffentlichkeitsarbeiter, der Werbetexter möchte *Hunderttausende*
von Lesern haben – und der Blogger ein Echo finden im
elektronischen Gewimmel.

Und da sollte ausgerechnet Jesus helfen können? Ja, der

aus dem *Stern*. Als Idealbild nämlich, vor dem ich meinen eigenen ersten Satz auf den Prüfstand stellen sollte: Komme ich diesem Muster wenigstens ein bisschen nahe? Habe ich meinen Ehrgeiz darangesetzt, beim Wettlauf um die Aufmerksamkeit vorn zu liegen? Habe ich mein Vorhaben auf mögliche Pointen abgeklopft? Bin ich bereit, an diesem vielleicht entscheidenden ersten Satz zu feilen – und meinen siebenten Satz nachträglich zum ersten zu machen, wenn ich spüre, dass *er* der beste ist?

Das setzt voraus, dass der Schreiber von Mails oder Blogs *nicht* jener Versuchung erliegt, die der Computer bereitstellt: erst mal schreiben – das Denken kommt später oder nie. Wer seinen Text aus dem Ozean des Gedruckten und Gesendeten herausheben will, der kommt an einer uralten Erfahrung nicht vorbei: Denken vor dem Schreiben hat noch keinem geschadet.

Gewiss, bei vielen *Mails* (Rezept **26**) kann man auf ein automatisches Interesse der Empfänger rechnen. Dann aber hat ein klarer, kraftvoller erster Satz immer noch einen wichtigen Vorzug: Der Adressat fühlt sich ohne Umweg informiert; und wenn er das als Ihr Markenzeichen würdigt, dann haben Sie gewonnen.

Wer den Anfang versiebt, der hat verloren. «Wer einen ersten Eindruck machen will, kriegt keine zweite Chance» *(You never get a second chance to make a first impression)* heißt ein Schlagwort unter Berufsschreibern in den USA, und sie haben recht. Im Grunde verhalten wir uns gegenüber jedem, der um unsere Zuwendung buhlt, so wie einst der berühmte russische Ballett-Impresario Sergej Diaghilew, der sich vor den französischen Dichter, Maler und Designer Jean Cocteau hinsetzte mit den Worten: «Erstaune mich – ich warte.»

Man muss gar nicht mit Jesus ins Haus fallen. «Hast du deinen Arm schon mal in einer Kuh gehabt?», fragte eine Tierärztin eine Fünfzehnjährige, die diesen Beruf ergreifen wollte, und der Bericht darüber begann mit ebendiesem Satz. Und eine Kriminalreportage in der *Zeit*:

> Als ihr das Messer mit einem grässlichen Geräusch in den Rücken fuhr, blieben Barbara R. noch 60 Sekunden, um die wahre Natur des Mannes zu erkennen, mit dem sie 35 Jahre lang verheiratet gewesen war.

Solche Stoffe, Gott sei Dank, stehen uns selten zur Verfügung. Nur ist dieser erste Satz natürlich nicht aus dem Text herausgesprungen, sondern er wurde raffiniert aus ihm herausgekitzelt. Und mit demselben Ehrgeiz lassen sich Alltagsgeschichten ebenfalls so aufzäumen, dass man weiterlesen möchte: «Wie jeder schlechte Krimi beginnt auch dieser mit dem tragischen Verhältnis eines Polizisten zu seinem Kaffeeapparat» *(SZ-Magazin)*.

Auch ein Blogger sollte darüber nachdenken, wenn er, entgegen aller statistischen Wahrscheinlichkeit, vieltausendfach gelesen werden und sich in der Szene einen Namen machen möchte. Selbst wer gerade beim Zahnarzt gelitten hat, könnte bloggen oder twittern (wie der amerikanische Satiriker Russell Baker): «Der Zahnarzt verbrachte eine Stunde in meinem Unterkiefer» – und hätte sich damit herausgehoben aus dem Gewoge der abgedroschenen Signale.

Das Traurigste, wozu man einen ersten Satz missbrauchen kann, ist eine Binsenweisheit. «Das Internet hat sich zum bedeutenden Informationsmedium entwickelt» musste man noch 2009 als überraschenden Einstieg in einen Vortrag hören. «Wir benutzen immer mehr elektronische Geräte» war auch nicht gerade ein verführerischer Anfang für einen Fachartikel. Die Einsicht, wie viel an möglicher Aufmerksamkeit man da sogleich vergeudet hat, ist überraschend wenig verbreitet – und im akademischen Betrieb weithin geradezu unwillkommen.

Und was können erste Sätze alles leisten, über den Leseanreiz hinaus! Paul Krugman, Nobelpreisträger und Kolumnist der *New York Times*, war 2009 von einer Studienreise durch China zurückgekehrt – und eröffnete sein Resümee mit dem Paukenschlag: «Ich habe die Zukunft gesehen, und sie wird nicht funktionieren» *(I saw the future, and it won't work)*. Die Leser sind frappiert, und Manager wünschen sich, sie würden ausschließlich Mails und Vorlagen bekommen, in denen ein komplizierter Sachverhalt sofort auf eine so griffige, erleuchtende Formel gebracht worden ist.

Bosheit, wenn sie passt, kann das Lesevergnügen noch erhöhen. Als Hillary Clinton 2007 gegen Barack Obama um die Präsidentschaftskandidatur kämpfte, begann ein Kommentar der *New York Times* mit dem herrlich hinterhältigen Satz: «Ehe ich zum ‹Aber!› komme, kann ich versichern, dass Hillary Clinton eine großartige Präsidentin abgeben würde» *(Before I get to the ›but!‹, let me say that Hillary Clinton would make a terrific president)*.

Da fällt einem die frivole Zuspitzung durch den Schriftsteller Wolfgang Hilbig ein: «Mit den ersten Sätzen ist es etwas Ähnliches wie mit einer unverhofften Erektion.»

2
Also gut: 20 Sekunden!

Wenn der erste Satz sich zäh dahinschleppt, habe ich also den Leser vielleicht schon verjagt. Wirkt er aber nicht direkt abstoßend, so kann der zweite, der dritte Satz noch alles retten: Im Durchschnitt ist das Maß des Gelangweiltseins erst nach 20 Sekunden (oder rund 350 Zeichen) voll. Praktiker haben das gewittert, wissenschaftliche Studien es bestätigt – mit einer Einschränkung freilich; die steht am Schluss dieses Rezepts.

Kennen Sie den *Elevator Check* – den Fahrstuhl-Test? Bei McKinsey und in anderen, vor allem amerikanischen Unternehmen stellt man sich vor: Der kleine Angestellte geht schwanger mit einer großen Idee; aber vom Boss empfangen zu werden, sieht er keine Chance. Da trifft er ihn im Lift – und hat nun, realistisch geschätzt, etwa 20 Sekunden Zeit, dem Chef seine Idee zu verkaufen; 20 Sekunden, unwiderruflich. Dieses Bild soll jeder in der Firma vor Augen haben und als Regel anwenden: Alles, was nach draußen geht, Brief, Mail, Prospekt und Angebot, muss es binnen 20 Lesesekunden geschafft haben, dem Adressaten mitzuteilen, worum es sich handelt – und vor allem: warum er weiterlesen soll.

In diesen 20 Sekunden oder maximal 350 Zeichen oder in zwei, drei Sätzen lässt sich viel erzählen. Zum Beispiel so:

> Wie grüßt der Bergwanderer? Kein Problem, denken viele. Schon falsch.
>
> (Magazin der *Süddeutschen Zeitung*, 69 Zeichen)

Gestern war einer dieser Tage, an denen ich verstanden habe, warum Frauen ihren Männern Strychnin ins Essen rühren. (Katja Kessler, 115)

Oft habe ich mich gefragt, woraus ein Hot Dog eigentlich besteht. Nun weiß ich es. Aber lieber wüsste ich es nicht. (*The New Yorker*, 115)

Großer Kopf – gescheiter Kopf? Intelligenz muss nicht schwer wiegen. Auf die Dynamik der Hirnentwicklung kommt es an. Können Sie folgen? (*Weltwoche*, Zürich, 136)

Um fünf Uhr morgens erscholl wie immer der Weckruf: Ein Schlag mit dem Hammer auf eine Eisenschiene an der Stabsbaracke. Schwach drang der unterbrochene Ton durch die zwei Finger dick gefrorenen Scheiben. (Solschenizyn, «Ein Tag im Leben des Iwan Denissowitsch», 204)

Wo bleiben die Sondersendungen der Nachtstudios? Warum schweigen die Philosophen? Welcher Bischof ruft zum Dankgebet? Der amerikanische Präsident kündigt eine Welt ohne Kernwaffen an. Und keiner hört hin. (*FAZ*, 204)

Man muss sich nicht für Rechtsfragen der Haustierhaltung und des Schädlingsbefalls interessieren, um dennoch weiterzulesen, was die Schweizer Ratgeber-Zeitschrift *Beobachter* so begonnen hat:

Wanzen, Wespen, Würmer sind juristische Leckerbissen. Schon der Hundefloh verursacht Probleme: Ist auch er ein Haustier? Oder vielmehr ein Untermieter? Oder hüpft er gar durch rechtsfreien Raum? (194)

Und wer wollte zum hundertsten Mal von der Überalterung und der dadurch drohenden Rentenkatastrophe lesen, noch dazu eine ganze Sonderseite lang? Die *Neue Zürcher Zeitung* wahrte ihre Chance, indem sie mit zwei verblüffend erfrischenden Zeilen begann:

> Alt werden hat in unserer Gesellschaft einen schlechten Beigeschmack. Mit wohlwollender Zustimmung altern dürfen bei uns nur noch Wein und Käse. (144)

Wer so anfängt, der hat versprochen, dass der ganze Artikel nicht in der gewohnten Routine versacken wird – er animiert zum Lesen!

Und da die *Neue Zürcher* eine der seriösesten Zeitungen deutscher Sprache und noch dazu die altmodischste von allen ist, riskiere ich den Rat: Wenn dieses Blatt in ein solches Thema mit «Wein und Käse» einsteigt, dann ist überhaupt keine Publikation, kein Text-Angebot, keine Rede vorstellbar, der es nicht gut bekäme, wenn sie ebenfalls den Mut hätte, mit Wein und Käse zu beginnen (Schulaufsätze und Doktorarbeiten ausgenommen – darüber mehr in Rezept **31**).

Sich an solche Muster für pfiffigen Journalismus anzulehnen, tut jedem gut, der gelesen werden und noch dazu Sympathie stiften will – für jeden Zweck, in welchem Medium auch immer.

Die 20-Sekunden-Regel hat nur eine Schwäche: Ermittelt worden ist sie vor etwa zwanzig Jahren. Seitdem, so ist zu fürchten, könnte es mit der Geduld potenzieller Leser bergab gegangen sein. Seit Jahrzehnten sinkt ja die Zahl der Siebzehnjährigen, die jemals ein Buch ganz gelesen haben, viele Studenten fluchen über die Zumutung, ein ganzes Buch zu lesen – und durch Kino und Computer werden wir zur Hektik geradezu erzogen. Fünf Indizien:

- Ein durchschnittlicher Hollywood-Film von 90 Minuten Länge hat heute doppelt so viele Einstellungen wie vor dreißig Jahren.
- Im Vorspann amerikanischer, zunehmend auch deutscher Fernsehserien hüpfen die Bilder in einem Zehntel-Sekunden-Tempo, das dem Auge früher niemals zugemutet worden ist.
- Immer üblicher wird das *Multitasking*: Während das Fernsehen läuft und der Wortschwall aus dem Handy nicht enden will, macht sich der Siebzehnjährige am Computer zu schaffen.
- Der *Teaser* im Online-Journalismus (wörtlich: das Neckende, das Verlockende – also der Voraustext, der zur Lektüre des ganzen Angebots verführen soll) ist meist nur 150 bis 250 Zeichen lang.
- *Getwittert* werden kann nur in 140 Zeichen.
- Und das Berliner Online-Magazin «The European» bricht seine *Teaser* rabiat nach 66 Zeichen ab: «Die Geschichte Afghanistans ist reich an Kriegen. Nun kann sich der ...»

Einen bemerkenswerten Beitrag zur Kultivierung der Ungeduld hat 2008 die renommierte Werbeagentur Jung von Matt geleistet: Sie lud Bewerber ein, sich in 160 Zeichen vorzustellen – «160 Zeichen, die dein Leben verändern können».

All dies zusammengenommen muss der Rat an Schreiber, die gelesen werden wollen, wohl lauten:
- Nichts geht über einen aufregenden ersten Satz.
- Aber 160 Zeichen oder 10 Sekunden lang haben Sie Zeit, den furiosen ersten Satz anzureichern, auszupolstern.

- Nach 20 Sekunden oder 350 Zeichen jedenfalls ist alles verloren. *Anmoderationen* im Fernsehen sind oft 30 Sekunden lang und folglich schlecht.

Wie schön, dass von den acht Textbeispielen dieses Kapitels fünf auch vor der verschärften 10-Sekunden-Regel bestehen.

3
Die Brezeln und der Zimt

In hundert Sprachseminaren habe ich den Test gemacht, und immer hat er funktioniert: «Bitte sagen Sie mir doch mal rasch: Was ist ein Haustier?» Sogleich hagelte es die Zurufe: «Kuh, Hund, Katze, Schwein!» Niemand beantwortete die Frage so, wie sie gestellt war: «Was ist …?» fragte nicht nach Beispielen, sondern nach einer Definition – «Ein Tier, welches …» Doch über diese *logische* Antwort siegte der übermächtige Wunsch, den abstrakten Oberbegriff sofort ins Konkrete zu verwandeln.

Wir mögen nämlich das Abstrakte nicht, das Theoretische, das Verallgemeinerte – wir lieben das Anschauliche, das Greifbare, das Einzelne. Wir sagen nicht *Gemüse*, wenn wir Spargel meinen – nicht *Niederschläge*, wenn es regnet (damit stehen die Meteorologen gegen den Rest der Menschheit allein) – und noch niemals hat einer, der Brezeln kaufen gehen wollte, sich zum Erwerb von *Backwaren* aus dem Haus begeben (die gibt's nur für die Bäckerinnung).

Wissenschaftler, Statistiker, Funktionäre, Referenten *brauchen* das Abstrakte, ja – aber viele sind darin förmlich vernarrt: Bei 0 Grad könnte der Meteorologe ja ankündigen, dass es teils regnen, teils schneien werde. Doch seine verdammten «Niederschläge» muss er unterbringen, um uns dann mit dem Zusatz zu trösten, sie würden «teils als Regen, teils als Schnee niedergehen».

Wenn unsereiner eine Mitteilung, einen Blog, einen Artikel unter die Leute bringen will, so tue er das äußerste Gegenteil. «Wenn die Stillehrer sich in einem Punkt einig

sind», sagt der Journalist William Strunk in seinem immer
wieder aufgelegten Klassiker von 1919 «The Elements of
Style», «dann in diesem: Der sicherste Weg, die Aufmerksamkeit des Lesers zu wecken und wachzuhalten, ist der,
besonders, bestimmt und konkret zu sein.»

Nehmen wir ein simples Beispiel, singen wir das Lob
von Knoblauch und Zimt. Sie sind *Gewürze*. Was geschieht im Gehirn, wenn ich «Gewürze» lese? Die linke
Hirnhälfte fragt «Kenne ich das Wort?» und ist zufrieden.
Lese ich aber *Zimt*, so wird zusätzlich die rechte Hirnhälfte
aktiviert, und zwar in derselben Region wie beim *Geruch*
von Zimt. Ich habe also, anders als bei «Gewürze», einen
Sinneseindruck, es werden beide Hirnhälften beschäftigt;
meine Zuwendung hat sich verdoppelt, der Text hat mich
eingefangen.

Daraus folgt: *Meine* ich «Zimt», so würde ich das kost-
bare Gut der Aufmerksamkeit verschenken, wenn ich stattdessen «Gewürze» schriebe. Meine ich aber mehrere Gewürze, so sollte ich immer noch überlegen, ob ich es nicht
bei «Zimt» oder «Zimt und Knoblauch» bewenden lassen
kann, weil sie im Hirn des Lesers so viel mehr bewegen
(mit der Stilfigur des *Pars pro Toto* – nächstes Rezept).

Das Konkrete, das Einzelne bringt selbst dann Gewinn,
wenn ich annehmen muss, dass meine Leser es nicht
durchweg kennen. Statt zu schreiben «Wir gingen auf
einer bunten Bergwiese spazieren» könnte ich (wenn ich es
denn wüsste) sagen: «... einer Bergwiese, die war bunt
von Akelei, Berghähnlein, Teufelskralle und Vergissmeinnicht.» Was geschieht vermutlich in dem, der das hört oder
liest? Die munteren Namen gefallen ihm auch dann, wenn
er sie nicht einordnen kann. Und was geschieht bestimmt?
Die linke Gehirnhälfte tastet die Wörter ab – so zum Bei-

spiel: «Akelei? Schon mal gehört. Berghähnlein? Nie gehört, aber passt auf die Wiese. Teufelskralle? Na, das ist ja ein Ding! Vergissmeinnicht? Kenn ich, ist blau und weiß.» Viermal rastet für eine Zehntelsekunde Aufmerksamkeit ein – gewonnen!

Fürs konkrete Schreiben freilich muss ich Einzelheiten wirklich kennen – für den Laien ist die Abstraktion also oft eine Nothilfe: Wer Amsel, Drossel, Fink und Star nicht unterscheiden kann, ist mit dem Oberbegriff «Vogel» gut bedient. Auch wo er konkret erzählen könnte, scheut er oft die Mühe, die das macht: «Wir hatten einen lustigen Abend» berichtet sich einfacher, als wenn man ein oder zwei konkrete Beispiele für die Lustigkeit herausgreifen müsste, um das Abstraktum anschaulich zu machen.

Dazu kommt nun oft der falsche, gern als «typisch deutsch» verspottete Respekt vor der amtlichen oder professoralen Ausdrucksweise. Umgekehrt: Sie sollte uns mit Misstrauen erfüllen. Politiker vermeiden das Konkrete gern, weil sie sich nicht festlegen möchten, schon gar nicht im Wahlkampf. Manager sprechen lieber von einer «Reduzierung der Personalkapazitäten im Dienstleistungsbereich», als dass sie Putzfrauen entlassen.

Geisteswissenschaftler brüsten sich mit ihrer Fähigkeit, dem Konkreten das Abstrakte wenigstens vorauszuschicken: «*Die interpersonale Kommunikation in Form von* Gesprächen mit Verwandten, Bekannten und Kollegen», liest man in einem Fachblatt; hätte der Autor die ersten sechs Wörter weggelassen, so hätte er dasselbe gesagt.

Viele Berufsschreiber – Journalisten, Öffentlichkeitsarbeiter – *erkennen* häufig das Abstrakte nicht. Sie schreiben beherzt «Die Stadt machte einen verwahrlosten Eindruck» und spüren nicht, dass «verwahrlost» bloß eine abstrakte Schlussfolgerung aus Sinneseindrücken ist, also der rechten Gehirnhälfte nichts anbietet. Die würde tätig, wenn sie erfahren könnte: «Der Putz war in Fladen von den Häusern gefallen, leere Flaschen und Dosen klapperten im Wind, und es stank nach Fäulnis und Urin.» Wer *stattdessen* «verwahrlost» schreibt, hat seine Leser betrogen (und schon halb verloren); wer *zusätzlich* «verwahrlost» schreibt, liefert Geschwätz. «Verwahrlost» also schreibt er nie.

Am törichtsten aber verhält sich der Schreiber, wenn er alles Lesevergnügen provokant zerstört, indem er eine Erwartung erst abstrakt weckt *und sie dann nicht konkret befriedigt.* «Morgen wird es zu ungewöhnlichen Wettererscheinungen kommen» – so bunt treiben es die Meteorologen nicht, sie sprechen dann schon von Hagel und Gewitter. Viele Redakteure aber schreiben so. «Die Rallye-Teilnehmerin gab den Kollegen nützliche Tipps für perfektes Fahrverhalten», liest man da – und kein Tipp folgt!

Eine andere Mitarbeiterzeitung berichtet von «einem speziellen Brainstorming zu Möglichkeiten der Kunden-verblüffung, das auf die Kreativität der Teilnehmer zielte» – und kein Wort darüber, *wie* man Kunden verblüffen kann. Wieder eine andere erzählt von «den extremen topographischen Gegebenheiten des Iran» – und erwähnt nicht das Gebirge, das 5671 Meter Höhe erreicht! Und wenn eine Zeitung über die österreichische Außenministerin mitteilt, dass sie in Brüssel «fast alle EU-Kollegen körperlich überragt», so fragen sich tausend Leser um die 1,90 Meter, ob das wohl auch für sie gelten würde – und eine Antwort in Zentimetern bekommen sie nicht.

Wirksamer kann man Leser nicht verärgern und verscheuchen. Wer mir einen Witz *nicht* erzählen will, der soll mir auch nicht sagen, dass er ihn furchtbar komisch findet. Und wie schreibt man konkret? So zum Beispiel:

> «Der neue Roboter ist noch nicht ganz so schlau wie ein Toaster, aber doppelt so folgsam wie ein Hund.» (Werbeprospekt)

> Quelle kann sich keinen neuen Katalog mehr leisten. (Überschrift der *FAZ* zur Insolvenz des Versandhauses)

> Die Geißel macht Striemen, aber ein böses Maul zerschmettert das Gebein. (Jesus Sirach 28,21)

> Ich bin wirklich nur die Maus in deinem großen Haushalt, der man höchstens einmal im Jahr erlauben kann, offen quer über den Teppich zu laufen. (Kafka an seine Freundin Milena)

> Der Wind macht die Wolken, dass da Regen ist auf die Äcker, dass da Brot entstehe. Lasst uns jetzt Kinder machen aus Lüsten für das Brot, dass es gefressen werde. (Bert Brecht)

Für unseren Alltag genügt die Faustregel: Man nennt die *kleinste* Einheit dessen, was man meint. Meint man «Hennen», so schreibt man Hennen – nicht Hühner, nicht Geflügel, nicht Haustiere, nicht Tiere, nicht Lebewesen. Meint man «Hühner und Enten», so sagt man «Hühner und Enten» – nur die Landwirtschaftskammer darf «Geflügel» schreiben. Geht es aber um mehr Federvieh, als man aufzählen kann oder aufzählen möchte, so wählt man das *Pars pro Toto*. (Von dem gleich mehr.)

4
Nur einen Bruchteil sagen

«Kaum macht man mal die Glotze an, wird ein Ei aufge-
schlagen.» So verspottete die *Süddeutsche Zeitung* 2007 die
Überzahl der Kochsendungen im Fernsehen. Sie hätte natürlich schreiben können: «Es wird sinnlos viel gekocht»
(aber das wäre abstrakt gewesen) oder «Pfannen und Tie-
gel, Soßen und Fonds, Pfeffer und Kardamom, selbstge-
fällige Köche mit abstrusen Bärten und unstillbarem Mitteilungsdrang» (doch umständlich wäre das gewesen und
immer noch nicht vollständig). Also griff die Zeitung kühn
und böse ein Detail, das Ei, heraus und ließ es für das
Ganze sprechen: *Pars pro Toto*, der Teil anstelle des Ganzen – ein klassisches Stilmittel mit zwei bedeutenden Vor-
zügen.

Der eine: Es löst das Problem, dass man sieben Arten
von Backwaren oder von Haustieren nicht aufzählen kann,
ohne dass der Leser sich nach und nach belästigt fühlt.
Was führt die Bäckerei nicht alles! Aber «Vollkornbrot und
Prinzregententorte», das würde das Spektrum einkreisen
und völlig genügen. Was alles brachte der Sommer des
Kriegsjahrs 1942! Bei Günter Grass (in «Katz und Maus»)
erfahren wir genug: «Der Sommer kam mit Erdbeeren,
Sondermeldungen und Badewetter.»

Da deutet sich der andere Vorzug des *Pars pro Toto* an:
Es steigert die Anschaulichkeit. Den intensivsten Sinneseindruck, die stärkste Wirkung können wir erzielen, wenn
wir *weniger* sagen als das, was wir meinen. Seine Erleichterung, das Amt des Präsidenten der EU-Kommission los
zu sein, fasste der französische Staatspräsident Sarkozy

2008 in die Worte: «Ich habe keine Lust mehr, bis 4 Uhr morgens über drei Erdnüsse zu verhandeln.» Saftiger lässt eine pingelige Bürokratie sich nicht verspotten.

Ludwig Stiegler, damals stellvertretender Vorsitzender der SPD-Bundestagsfraktion, beklagte 2007, dass die SPD ihre Rolle in der Großen Koalition zu wenig heraus- stelle; und hätte er bloß von der Küche gesprochen, es wäre ein starkes Bild gewesen – aber indem er nur den hundertsten Teil der Küchenarbeit herauspflückte, hatte er die Anschaulichkeit verdreifacht: «Es darf nicht dahin kommen», sagte er, «dass die SPD in der Küche *Zwiebeln schneidet*, während die CDU im Restaurant das Trinkgeld kassiert.»

Sagen Sie also, schreiben Sie also im Grenzfall *weniger* als das, was Sie meinen! Sie haben die erstaunlichsten Ver- bündeten. «Sehet die Vögel unter dem Himmel», sprach Jesus (Matthäus 6,26): «Sie säen nicht, sie ernten nicht, und euer himmlischer Vater ernähret sie doch» – trifft das nicht für *alle* Tiere zu? Und dasselbe zwei Verse weiter: «Schauet die Lilien auf dem Felde …» Das konnte wie- derum nur für alle Pflanzen gelten. Indem Jesus aber nicht einmal von den Blumen sprach (einem Hundertstel der Pflanzen), sondern von den Lilien (einem Hundertstel der Blumen) – indem er also ein Zehntausendstel dessen sagte, was er meinte, hatte er den Gipfel der Kraft erklommen.

Franz Kafka, uns etwas näher, schrieb 1911 auf eine Ansichtskarte vom Vierwaldstätter See nur die 13 Wörter: «Von Bergen eingesperrt in Flüelen. Man sitzt gebückt, die Nase fast im Honig» – drastisch übertrieben und dazu von äußerster Willkür in der Auswahl des Details, da die Nase sich ebenso der Suppe hätte nähern können; aber so prägt es sich ein.

Da war erreicht, was Luther von allen Wörtern ver-
langte: dass sie «Hände und Füße haben», dass sie uns
etwas zu sehen, zu hören, zu greifen, zu schmecken und
zu riechen geben. Noch weitere elf Rezepte lang werde
ich Sie auf Luthers Wahrheit, auf Sarkozys Erdnüsse, auf
Kafkas Honig stoßen – und vielleicht wird er Ihnen sogar
schmecken.

5
Meistens viel zu viel – manchmal zu wenig

Aber: *Können* eigentlich alle Wörter «Hände und Füße» haben, wie Luther es verlangt – dieses «eigentlich» doch wohl eher nicht? Es gehört zu den *Füllwörtern*, vor denen viele Stillehrer und Deutschlehrer warnen; von *Flickwörtern* sprechen sie gern.

Oft jedoch ist eine solche Warnung unangebracht und der Begriff mit ihr: Manchmal setzen erst sie im Text den gewünschten Akzent. *Würzwörter* heißen sie dann in der Stilistik, *Abtönungspartikel* in der Sprachwissenschaft – und ungern würde ich mir das «eigentlich» hier oben abhandeln lassen.

Was folgt daraus? Die Faustregel: Stutzen Sie einfach, ehe Sie eines der folgenden Wörter verwenden; im Grenzfall streichen Sie's lieber.

also	halt
an sich	immerhin
ausgerechnet	irgendeine
dann	irgendwie
doch	ja
durchaus	nämlich
eben	natürlich
echt	nun
eigentlich	quasi
einfach	reichlich
erheblich	sehr
freilich	sozusagen
ganz	überaus
gänzlich	überhaupt

genau	völlig
geradezu	wohl
gern	ziemlich
gewissermaßen	

Vor dem *irgendwie*, immerhin, sei ausdrücklich gewarnt: Es ist erstens in mündlicher Rede ein penetrantes Modewort – und zweitens der unfreiwillige Ausdruck einer Hilflosigkeit: Irgendwie hätte ich's ja gern genauer gesagt, aber dann hätte ich irgendwie nachdenken müssen.

Ohne Einschränkung zur Streichung empfohlen sind die nichtssagenden *Redensarten*, die billigen Floskeln, die Sprachklischees, zum Beispiel diese:

ICH WÜRDE SAGEN: Sagen Sie's nun?

ICH MEINE FOLGENDES: Ach – bis jetzt durften wir nicht erfahren, was Sie meinen?

IM KLARTEXT: Um Gottes willen! Bisher haben Sie sich also unklar ausgedrückt?

AN DIESER STELLE: Zwangshandlung in öffentlichen Reden – an welcher sonst?

IN DIESEM ZUSAMMENHANG: in welchem sonst? Haben Sie denn Ihre Hörer oder Leser darauf eingestimmt, dass sie bis dahin keinerlei Zusammenhang erwarten konnten?

DER LANGEN REDE KURZER SINN: eine Selbstbezichtigung! Welcher Teufel hat Sie geritten, dass Sie für einen kurzen Sinn eine lange Rede brauchten?

SCHLICHT UND EINFACH: bis dahin also kompliziert und aufgeblasen? Schlicht und einfach ist selbstverständlich *alles*, was Sie sagen oder schreiben – und das «schlicht» gehört doppelt gestrichen, weil es sich von «einfach» einfach zu wenig unterscheidet.

Mit Sprechblasen gewinnt man keine Aufmerksamkeit, mit ungebremstem, unkontrolliertem Geschwätz geht man den meisten auf die Nerven. Im Gespräch können Mimik, Gestik, Emotionen mildernd wirken – wer lesen soll, zieht einen Autor vor, der offensichtlich *denkt* vorm und beim Schreiben (und zwar nicht an sich selbst, sondern an die Leser, die er erreichen möchte).

Übertrieben, aber als Mahnung willkommen ist die Lebensregel des Wiener Feuilletonisten Alfred Polgar: «Ich bemühe mich konsequent, aus hundert Zeilen zehn zu machen», ebenso die des Ludwig Thoma: «Als Schriftsteller darf man von zehn beabsichtigten Wörtern nur eines schreiben und nicht elf.» Leben lässt sich jedenfalls mit der Mahnung des großen Stillehrers William Strunk: Sorgen Sie dafür, «dass jedes Wort etwas zu sagen hat», dass es Sinn transportiert (*that every word tell*, mit einem archaischen Imperativ). Und mit der Einsicht Voltaires: «Die Kunst, langweilig zu sein, besteht darin, *alles* zu sagen.»

… und das Gegenteil ist auch wahr

Nur ist es leider so, dass man die Kürze übertreiben kann. Wir sind da bei einem Kernproblem aller Kommunikation: Ist es überhaupt erstrebenswert, das, was ich zu erzählen habe, in der kürzesten Form mitzuteilen, die logisch und grammatisch möglich ist? Meistens nicht. Das hätte nämlich drei Nachteile:

- Es kostet harte Arbeit, also Zeit. Denn aufs Dahinplaudern sind wir eingestellt – nicht darauf, die Wörter zu wägen.
- Kalt würde der Text wirken, primär für Gebrauchsanweisungen geeignet – ausnahmsweise für lapidare Meisterwerke wie bei Luther oder Brecht.

• Und (ein kaum bekannter Nachteil): Missverständnisse würden durch radikale Knappheit förmlich provoziert.

Man kommt nun um das Fachwort *Redundanz* nicht herum – obwohl es ein ärgerlicher Begriff ist: Er hat zwei Bedeutungen, die einander ohrfeigen (was auch Berufsschreiber nicht immer gegenwärtig haben).

Bedeutung 1: Dem Wortlaut nach heißt redundant überzählig, übermäßig, überreichlich, überladen – in der Informationstheorie alle Wörter, die zum Verständnis einer Botschaft *logisch* überflüssig sind: Wortschwall, Geschwätz. Dazu das kritiklose Häufen von Details, von denen der Schreiber wissen könnte, dass sie seine Leser nicht vom Stuhl reißen: Wenn die Person, von der ich rede, eine Tante hat, die einen Kanarienvogel hat, und beide tragen nichts zu meiner Geschichte bei – so sollten sie unerwähnt bleiben.

Bedeutung 2: Oft aber ist das scheinbar Überflüssige absolut *notwendig* – noch öfter *hocherwünscht* zur Erleichterung des Verständnisses, zur Veranschaulichung eines komplizierten Sachverhalts, zur Herstellung von Lesevergnügen. Von der *erwünschten* Redundanz handelt das nächste Rezept; hier zunächst, wofür sie *nötig* ist.

Redundanz (2) ist nötig, wo vitale Funktionen nicht ausfallen dürfen: das Notstromaggregat im Krankenhaus, die doppelte Ausstattung der Weltraumkapsel mit allen überlebenswichtigen Geräten – die *strukturelle* Redundanz in der Technik.

Sie ist zweitens die gebräuchlichste Methode, um die Zuverlässigkeit eines Code-Systems abzusichern: Bei der Datenübertragung werden Kontrollbits verwendet, die das Erkennen von Fehlern ermöglichen; verstümmelt eingegangene Informationen können mit Hilfe von kalkulierter Redundanz rekonstruiert werden. *Nichtig* würde juristisch völlig genügen; aber dass eine Bestimmung *null und nichtig* sei, ist in der Rechtssprache üblich. Im Alltag nicht anders: Zeit und Ort eines Treffens wiederholen wir bei mündlicher Verabredung fast immer.

Ebenso geht uns alle die dritte Form notwendiger Redundanz etwas an: Mit nackter Information können wir keinen Menschen zu einer Handlung bewegen, auf die er nicht vorbereitet ist. Tönt es an einem ruhigen Tag plötzlich aus dem Lautsprecher eines Funkstreifenwagens: «Räumen Sie sofort Ihre Häuser!», werden die wenigsten diesem Aufruf folgen. Mindestens warten sie auf eine Begründung («In Haus Nr. 7 ist eine Fliegerbombe aus dem Zweiten Weltkrieg gefunden worden!»), und selbstverständlich legt die Polizei nach mit klarer Redundanz: «Sofort! Raus aus den Häusern! Hier spricht die Polizei! Fliegerbombe!»

Wer nie missverstanden werden will, tut also gut daran, sich zunächst in die mutmaßlichen Erwartungen seiner Adressaten hineinzuversetzen, ihr Vorwissen einzukalkulieren – und, wenn er noch dazu gelesen werden möchte, mit der *schönen* Redundanz zu operieren, von der gleich die Rede ist.

Die Rückkehr des Wortrauschs

Über unsern Umgang mit den Wörtern entscheidet in hohem Grade das Medium, mit dem wir sie übermitteln.

Von der Erfindung der Sprache bis zur Erfindung der Schrift fand Zehntausende von Jahren lang eine ungeheure Wortproduktion statt: ungebremstes Geplapper am Lagerfeuer – endloses Murmeln magischer Formeln. (Aus 15 Vaterunsern und 150 «Gegrüßet seist Du, Maria» besteht ja noch heute ein «Rosenkranz».)

Als die Priester im alten Babylonien die Schrift erfanden, indem sie mit einem Spatel bestimmte Zeichen in feuchten Ton drückten, wurde die Geschwätzigkeit zum ersten Mal durch Mühsal gebremst. Zu höchster Sprachökonomie luden später die Steinmetzen ein, wenn sie Inschriften in Säulen, Thronsessel, Tempelfriese zu meißeln hatten: «Ich eroberte die Städte», ließ der König der Assyrer die Nachwelt wissen. «Lebende Krieger nahm ich gefangen. Vor ihren Städten pfählte ich sie. Im großen Meer reinigte ich meine Waffen.»

Mit der allgemeinen Alphabetisierung und mit dem Buchdruck lockerten sich die Sitten wieder. Als aber 1844 das erste Telegraphenkabel verlegt war (von Washington nach Baltimore), verlangten die hohen Übermittlungskosten nach einer Verkürzung, wie sie selbst beim Meißeln nicht stattgefunden hatte: «Eintreffe Freitag» – ein Kunstwort und ein verstümmelter Satz.

Mehr als hundert Jahre lang wirkte das Telegramm weithin stilbildend, zumal im Geschäftsverkehr, aber auch in der Dichtung: Gedrängte Kürze, notfalls in eigenwilliger Grammatik, war ein Wert geworden. 1923 reimte Ringelnatz:

Publikum noch stundenlang
Wartete auf Bumerang

– und die Vermutung ist zulässig, dass er 1843 so nicht ge-
dichtet haben würde. Vom Telegrammstil profitierte noch
der *Spiegel*, als er Kurz- und Kunstwörter wie «der Präside»
oder «der Vorständler» in die Welt setzte, und 1979 redu-
zierte er eine Titelgeschichte auf die Überschrift: «Kohl
kaputt».

Im neuen Jahrtausend hat das Telegramm fast ausgespielt,
und an seine Stelle ist das äußerste Gegenteil getreten: der
elektronische Wortrausch. Noch nie haben so viele Menschen so viel, so lang geschrieben; nie zuvor war das Wort
so billig.

Der nachstehende Blog eines Unbekannten – zufällig her-
ausgefischt, aber nur einer von Zehntausenden seiner Art –
macht viererlei anschaulich:
* Unser Mitteilungsdrang ist überwältigend groß.
* Wenn Wörter nichts kosten, gehen sie wie Lawinen über
  uns nieder.
* Ob sein Text auch nur einen Leser interessieren könnte,
  hat der Blogger sich offensichtlich nicht gefragt
* Aus der Selbstkritik am Schluss hat er *nicht* gefolgert,
  dass der Blog nicht dringend hätte verbreitet werden
  müssen. Wichtiger als das Gelesen werden war ihm offenbar die Genugtuung, sich auf dem elektronischen
  Weltmarkt vertreten zu wissen.

Ich blogge – also bin ich!

Heute hab ich in der FAS ein paar texte über tibet und
china gelesen. das war besser als alles was ich bisher online gelesen habe. Nicht dass es nicht auch online viel
gutes zu lesen gäbe, nur offensichtlich hatte ich irgend-

welche gründe dass in dieser form nicht zu tun. Trotzdem, manche texte durchdringen, wenn sie mir online
begegnen, nicht meine aufmerksamkeitsschwelle. Selbst
wenn ein text bei bloggern, die ich schätze, auftaucht,
also gewiss ein wenig relevanz hat, manche texte schaffen
es einfach nicht, mich dazu zu bringen, mich weiter mit
ihnen zu beschäftigen, als sie für später zu bookmarken
oder bis zum nächsten browserabsturz, versauern zu lassen. Eine zeitung zu kaufen hingegen ist ein bewusster
akt, meist tue ich das bevor ich bahn fahre oder ein paar
stunden zeit habe und lese sie dann beispielsweise sonn-
tags, in ruhe, in einem café. Ich muss dann keinen appa-
rat rausholen, mir keine sorgen um strom oder das (zu
kleine) handydisplay zu machen, ich lege die zeitung auf
den tisch, stelle einen kaffee daneben und lese. Die zeitung kann ich umblättern und lesen, mehr aber nicht.
Hinzu kommt, in der zeitung heute waren mehrere seiten
zum thema (tibet-schwerpunkt) zusammengefasst, alle
artikel hatten einen gewissen qualitätsstandard, waren
vorgefiltert, aber nicht so gefiltert, dass ich das gefühl
hatte, dass etwas ausgelassen wurde, im gegenteil. Die
artikel beleuchteten, wenn nicht alle, so doch recht viele
standpunkte. Sicherlich hätte ich online qualitativ ähnliches finden können, wenn ich bereit wäre zu suchen, zu
klicken, abzuwägen. Nur, mit der zeitung heute im café
brauchte ich das nicht. Alles war fertig serviert, ich
konnte es lesen, mir meine meinung bilden und sie jetzt
ins internet schreiben. **meine meinung zum thema
tibet ist ganz einfach: Das ist alles furchtbar kompliziert. Aber das wollte ich gar nicht sagen. Was
ich eigentlich sagen wollte: print ist noch lange
nicht tot.**

Insoweit, immerhin, bringt das *Twittern* einen Fortschritt.

6
Die schöne Redundanz

«Meine Freunde benehmen sich, als ob ich ihnen den Milchtopf umgestoßen hätte.» Der sich brieflich so beklagte, hieß Friedrich Nietzsche und demonstrierte damit zweierlei: dass er wirklich schreiben konnte – und dass schöne, freche Bilder Leben ins Geschriebene blasen.

Sie gehören zur *erwünschten* Redundanz, von der auf Seite 33 kurz die Rede war: Ich sage oder schreibe mehr als das logisch Nötige, aber nicht, weil ich schwatzhaft wäre (die *ärgerliche* Redundanz), sondern weil ich die Kraft von Beispielen, Bildern und Vergleichen kenne und sie investiere, um Leser zu finden und sie durch meinen Text zu ziehen. Von dieser schönen Redundanz lassen sich vier Spielarten unterscheiden.

1. Kalkulierte Redundanz ist erwünscht, wenn sie den Leser vor einer zu hohen *Informationsdichte* bewahrt. Zehn Namen hintereinander, wie wichtig sie für meine Mitteilung auch wären, kann sich keiner merken und will keiner lesen; ich muss sie also in zwei oder drei Gruppen einteilen und jede der beiden mit einer Erläuterung versehen. Auch ein Text von äußerster logischer Präzision kann den Leser ebendeshalb überfordern: «Es ist dem Ding wesentlich, der Bestandteil eines Sachverhalts sein zu können. In der Logik ist nichts zufällig: Wenn das Ding im Sachverhalt vorkommen *kann*, so muss die Möglichkeit des Sachverhalts im Ding bereits präjudiziert sein.»

Das ist erstens ein typischer Text des Philosophen Ludwig Wittgenstein, zweitens auch für Philosophie-Studenten ziemlich schwer zu lesen und drittens ohne jede

Chance, einen nicht ohnehin interessierten Menschen für die Fortsetzung der Lektüre zu gewinnen.

Der amerikanische Lyriker Ezra Pound hat zwar *die äußerste Verdichtung* der Sprache empfohlen – aber nur den Dichtern; allen anderen, unsereinem, hat er *das Geheimnis des eingängigen Schreibens* so beschrieben: Man bringe auf einer Seite nicht mehr unter, «als der Durchschnittsleser aufnehmen kann, ohne seine übliche schlaffe Aufmerksamkeit anzuspannen». Also: ihn nicht zuschütten mit zu vielen Fakten auf zu engem Raum, sondern sie in Beispiele und Vergleiche einbetten.

Eine ungewöhnliche Form der Redundanz riskierte der norwegische Schriftsteller Jostein Gaarder in seinem Bestseller von 1992, «Sofies Welt», einer populären Geschichte der Philosophie:

> HABE ICH SCHON GESAGT, dass die Fähigkeit, uns zu wundern, das Einzige ist, was wir brauchen, um gute Philosophen zu werden?
> Wenn nicht, dann sage ich das jetzt: Die Fähigkeit, uns zu wundern, ist das Einzige, was wir brauchen, um gute Philosophen zu werden.

Das merkt sich wirklich jeder, und die leichte Selbstironie macht die struppige Passage genießbar.

2. Klug bemessene Redundanz kann dem Leser *Verwirrung ersparen*. Schreibe ich in einem Porträt des Giacomo Casanova: Neben seinen berühmten Memoiren hat er auch einen Roman über «Eine Reise zum Mittelpunkt der Erde» verfasst – so sollte ich wittern, dass viele Leser sich fragen: «War das nicht Jules Verne? Bin *ich* doof, oder ist der Schreiber doof, oder hätte wirklich jeder der beiden einen solchen Roman geschrieben?»

Wer da entweder zu wissen meint, dass kein Leser so frage, oder wer das zwar vermutet, es aber ignoriert: Der sollte am besten alles Schreiben bleibenlassen. Er *muss* die Frage erspüren, sich informieren und den Satz über Casanova zum Beispiel so ergänzen: «– 76 Jahre vor Jules Verne». Das ist für manche zum Staunen, geradezu zum Weitererzählen, und etwas Besseres kann Geschriebenem nicht passieren.

3. Wohlüberlegte Redundanz ist wichtig, um das *nur scheinbar Konkrete* mit Leben zu erfüllen. Da muss man lesen: «In Brasilien wurden in den letzten Jahren sieben Millionen Hektar Regenwald vernichtet» (so von der *Deutschen Presseagentur* verbreitet und in Dutzenden von Zeitungen gedruckt). Ich sollte wissen, dass zwar Bauern und Regionalplaner eine Vorstellung von der Größe eines Hektars haben, die meisten Deutschen aber nicht – und daraus zweierlei folgern: Ich verwandle die Hektar *natürlich* in das übliche Maß und habe hoffentlich richtig gerechnet: 70 000 Quadratkilometer; und nun kommt die Zusatzleistung, ohne welche die meisten immer noch ziemlich wenig Ahnung hätten: «– eine Fläche so groß wie Bayern».

Dieses «Das bedeutet also», die Übersetzung einer abstrakten Zahl in etwas Bekanntes oder Vorstellbares: eine fast zwingende Redundanz. Dem Leser eine Veranschaulichung vorzuenthalten, für die er sicher dankbar wäre, ist eine der größten Torheiten, die ein Schreiber begehen kann. Zeige ich ihm ein Foto von einer bedrohlich hohen Staumauer, so sollte ich auf die Pflicht (180 Meter ist sie hoch) die Kür folgen lassen, zum Beispiel: «... höher als jeder Kirchturm der Erde». Damit lasse ich meinen Leser kurz stutzen, ich verschaffe ihm ein kleines Aha-Erlebnis, ich animiere ihn vielleicht zum Weitersagen, zum Weiterlesen sowieso.

Auch auf diese Weise: «Um 1770, nachdem sie ganz Sibirien erobert hatten, drangen die Kosaken über die Beringstraße und Alaska bis nach Kalifornien vor.» Da sollte ich ahnen, dass viele Leser sich fragen: «Kalifornien? Kann das wahr sein?» Und folglich etwa hinzufügen: «1776 errichteten die Spanier zur Abwehr der Russen die Missionsstation San Francisco, und 1821 ordnete der Zar den Rückzug in den Süden des heutigen Kanada an.»

Das war fast die Pflicht. Großartig aber die Kür, die der Zeitschrift *Geo* dazu einfiel: «Von St. Petersburg über den Ural und den Pazifik bis nach Kalifornien! Das waren auf dieser geographischen Breite 60 Prozent des Erdumfangs. Andersherum, über den Atlantik und durch Amerika, wären es nur 40 Prozent gewesen.» Da hatte man sich bloß den Globus vorzustellen und mit einem Stück Faden nachzumessen – fast keine Arbeit, nur eine gute Idee.

Einen wahrhaft königlichen Vergleich fand der *Stern*, als er 1969 den «Jumbo» beschrieb, die neue Boeing 747. Meter in Mengen, natürlich, das Seitenruder hoch wie ein sechsstöckiges Haus – so schrieben die meisten. Der *Stern* auch, aber dazu noch dies: «Allein der Rumpf ist so groß, dass der gesamte erste Motorflug der Brüder Wright in seinem Inneren hätte stattfinden können.» Welch eine Vorstellung – welch eine Entwicklung des Fliegens seit 1903, in 66 Jahren! Und welch ein Bild! Ich führe es in meinen Seminaren als das klassische Beispiel an, wie man Leser fangen, staunen machen, fast glücklich machen kann.

4. Schließlich sollte abgewogene Redundanz sich immer *des bildhaftesten Ausdrucks* bedienen, über Beispiel und Vergleich hinaus (in Ergänzung zu Rezept 3, das die *konkrete*

Sprache empfiehlt). Der berühmte österreichisch-amerikanische Volkswirtschaftslehrer Joseph Schumpeter lockerte seinen sperrigen Stoff auf mit Sätzen wie diesen: Den Erben der Superreichen prophezeite er den unrettbaren Niedergang, «weil sie mit der Beute nicht auch die Klauen geerbt haben». Sein Standardwerk «Kapitalismus, Sozialismus und Demokratie» (1942) eröffnete er mit dem Satz: «Die meisten Schöpfungen des Verstandes und der Phantasie entschwinden *für ewig* nach einer Frist, die zwischen einer Stunde nach dem Essen und einer Generation variieren kann.»

Der ehemalige SPD-Vorsitzende Hans-Jochen Vogel sprach 2008 zum 20. Todestag von Franz Josef Strauß: «Er war ein 100-Megawatt-Kraftwerk» (gut gesagt! Noch schöner: «mit zu schwachen Sicherungen»? Nein, Vogel steigerte den Kontrast zum Äußersten) «mit Sicherungen für zwei bis drei Stall-Laternen.»

Diese lobenswerten Formen des kalkulierten Überflusses sind scharf zu unterscheiden von jener Redundanz, die der Sprecher oder Schreiber eben nicht bemessen hat: dem *Geschwätz* – den überquellenden Füllwörtern, den hartnäckigen Wiederholungen, den Sprachklischees, den hohlen Redensarten, mit denen das vorige Rezept begann. Beim Sprechen ist das fast das Normalverhalten – auch beim Schreiben allzu häufig. Wer nicht mit Freunden plaudert, sondern die Aufmerksamkeit von Unbekannten gewinnen will, ob im Buch oder im Blog, der hat keine Wahl: Er muss seinen Umgang mit den Wörtern disziplinieren. Jedes Wort hat *Sinn* zu tragen!

Geschwätz lässt sich auch in wohlgeformten Sätzen produzieren – wie in jenem öffentlichen Vortrag, der so begann. Erster Satz: «Wir leben in einem Zeitalter, das

durch Informationsüberflutung geprägt ist.» (Eine Binsenweisheit, also auch noch ein klassischer Verstoß gegen das
Gesetz vom starken Anfang, Rezept 1.) Zweiter Satz: «Ein
Vergleich kann dies verdeutlichen.» (Ja doch! Vergleiche
können das, und zwar seit mindestens 3000 Jahren. Die
zweite Binsenweisheit also.) Dritter Satz: «Wer heute eine
Ausgabe der *Frankfurter Allgemeinen* ganz liest, bekommt
mehr Informationen als ein Engländer des 18. Jahrhunderts in seinem ganzen Leben.»

Dieser dritte Satz hätte *natürlich* der erste sein müssen,
und die Sätze 1 und 2 sind von der *üblen* Art der Redundanz: Der Redner hatte eine ungefähre Idee, die Grammatik stimmte – und nun mit dem Manuskript der Rede kritisch umzugehen, kam ihm nicht in den Sinn. So handeln
die meisten, und deswegen wird auch so schrecklich viel
mehr geschrieben und gesprochen als gelesen und gehört.

Von dem Verleger Joseph Pulitzer (nach dem der
berühmte Preis benannt ist) stammt der stolze Rat:
«Schreibe kurz – und sie werden es lesen. Schreibe klar –
und sie werden es verstehen. Schreibe bildhaft – und sie
werden es im Gedächtnis behalten.»

7
Pfeffer und Pfiff

«Brot für die Welt – die Wurst bleibt hier!» Das war einer der vielen «Sponti-Sprüche» – der fröhlichsten Hinterlassenschaft der Studentenbewegung von 1968. Oder dieser: «Allein schlafen verschärft die Wohnungsnot.» Und der: «Planung bedeutet, den Zufall durch den Irrtum zu ersetzen.» Dazu die Selbstironie: «Zu allem bereit und zu nichts zu gebrauchen», ebenso wie die Verspottung der anderen: «Ich denke – also bin ich hier falsch.»

Ja: Ironie, Bosheit, Wortwitz sind bewährte Mittel, Leser zu fangen und für sich zu gewinnen. Man muss nur die beiden Grenzen kennen: Wofür ist der spielerische Umgang mit der Sprache *nicht* geeignet? Nicht für Bewerbungsbriefe, Doktorarbeiten, Nachrichten und Gebrauchsanweisungen; fast immer aber fürs Bloggen.

Die andere Grenze zu ziehen, erfordert Nachdenklichkeit und Selbstkritik: Ist mein Text nun eher witzig – oder eher albern? Mehr als für *alles* Schreiben gilt für den Versuch, komisch zu sein, die Warnung: Kein Einfall ist schon deshalb gut, weil ich ihn hatte; nun sollte ich ihn kritisch wägen und vermutlich in der Hälfte der Fälle die Kraft haben, auf ihn zu verzichten.

Doch zur Ermutigung ein paar schöne Beispiele. Verschmitzte Ironie im Inserat eines Hotels in der Matterhorn-Region: «Himmlische Ruhe und ein atemberaubendes Panorama. Wenn Sie trotzdem Rufe hören, muss es der Berg sein.» Hinterhältige Ironie im Lob Mark Twains für Richard Wagner: «Seine Musik ist viel besser, als sie klingt.»

Verhüllte Bosheit bei Karl Kraus, dem Wiener Sprachkritiker und Satiriker; scheinbar harmlosen Wörtern verstand er einen giftigen Sinn zu entlocken: «Das Wort *Familienbande* hat einen Beigeschmack von Wahrheit», sagte
er, und er empfahl, aus dem Spruch «Wien bleibt Wien»
die *Drohung* herauszuhören. Über den rasenden Geltungs-
drang des amerikanischen Präsidenten Lyndon B. Johnson lief einst in Washington das Spottwort um: «Er will auf
jeder Hochzeit die Braut und auf jeder Beerdigung die
Leiche sein.»

Unverhüllte Bosheit bei Heinrich Heine (einem Großmeister des feurigen, beschwingten Deutsch), wenn er
über einen zudringlichen Handelsvertreter schreibt: «Er
sah aus wie ein Affe, der eine rote Jacke angezogen hat
und nun zu sich selber sagt: Kleider machen Leute.» Oder
im «Streiflicht» der *Süddeutschen Zeitung*: Der Dramatiker
Rolf Hochhuth bewege sich durchs Leben «wie ein Mensch,
der ständig bereit ist, eine Militärparade zu seinen Ehren
abzunehmen».

Den Gipfel der Infamie erreichte der Bayer Ludwig
Thoma mit seiner Ballade auf den Pastor Klops aus dem
verhassten Preußen:

Der alte Klops hat auch fünfzehn Töchter,
Durch deren Anblick der Trieb der Geschlechter
In der ganzen Gemeinde erstorben ist.
So wirkte er als Pfarrer und Christ.

Alle Ironie geht wiederum mit zwei Risiken einher. Das
eine Risiko: Unbestritten ist die Zahl der Leser, die Ironie
verstehen, geringer als die Zahl der Schreiber, die sie
zu verwenden lieben. Wer in ironischer Absicht schreibt:

«Also wirklich – war George W. Bush nicht ein großartiger Präsident?» – der muss in Kauf nehmen, dass viele Leser ebendies für seine wahre Meinung halten.

Die andere Gefahr: *Selbstironie* kann in die Hose gehen. Der deutsche Bundeskanzler Gerhard Schröder musste das 1999 beim Weltwirtschaftsforum in Davos erleben: «Wenn die Probleme der Europäischen Union *leicht* zu lösen wären», sagte er, «dann müsste nicht ich es tun, dann könnten es auch andere.» Die Mehrzahl der Teilnehmer hielt das für eine Anmaßung und reagierte mit Befremden.

Ein Grenzfall ist die ironische *Übertreibung*, wie in der Werbung einer Schweizer Uhrenfirma: «Die Lebenserwartung nimmt ständig zu. Darum haben wir eine Sicherheitsmarge von 500 Jahren eingebaut.» Dazu die ironische *Untertreibung*, das Understatement, die Tiefstapelei: Die meisten Philosophen, schrieb Bertrand Russell (einer der ihren), seien «schüchtern von Konstitution und mögen das Unerwartete nicht; die wenigsten von ihnen würden als Piraten oder Einbrecher wirklich glücklich sein».

Zum Wortwitz beitragen kann die *Metapher*, wörtlich bloß die «Übertragung»: Wenn ich in einem Hafen «einen Wald von Masten» sehe, so habe ich den Wald von seiner ursprünglichen Bedeutung in ein anderes Umfeld versetzt. Eine populäre Metapher ist der «*Wolkenkratzer*», eine perfide Kurt Tucholskys Spott über die Ehe: «Ach, alle Tage Huhn im Topf und Gans im Bett – man kriegt es satt.»

Wer mit solchen Verfremdungen arbeitet, setzt sich, wen wundert es, diesmal *drei* Gefahren aus. Die eine: Ich kann von meinem Einfall nicht genug kriegen und reite ihn tot. Da ließ ein Redenschreiber den Vorstandsvorsitzenden eines großen deutschen Energiekonzerns beginnen: «Wir haben keinen Zaubertrank, der unser Problem löst. Wir dürfen uns aber auch keine Suppe einbrocken, die uns beim Auslöffeln den Magen verdirbt.»

Genug!, möchte man dem Schreiber zurufen – nun bitte keine Metapher aus der Küche mehr. Er machte aber weiter: die Küche im Dorf lassen; nicht zu viel Öl in die Suppe geben, damit uns der Kessel nicht um die Ohren fliegt; auch Wasser, Brei, Eier und Gewürze – neunzehn Metaphern aus dem Suppentopf. Und dabei hatte derselbe Schreiber auch saftige Sätze wie diesen im Repertoire: «Wollen wir, dass unser einziger Gashahn in Russland liegt und unsere Steckdose in Frankreich?»

Die zweite Gefahr: Die Metapher ist eingerastet, eingerostet, zum Klischee erstarrt: Wer «wie ein Murmeltier» geschlafen hat, hat fast nichts mehr gesagt. (Das Murmeltier-Problem ist ein Kernpunkt von Rezept **14**. Dass das «wie» beim Murmeltier in der Sprachwissenschaft aus der Metapher ein *Gleichnis* macht, braucht uns hier nicht zu beunruhigen.)

Das dritte Risiko: Das Sprachbild könnte peinlich aus seinem Rahmen fallen – die Metapher kann entgleisen. Im Scherz und Spott schubsen wir sie ja gern aus den Schienen: «Auch Eisberge kochen nur mit Wasser» oder «seine Flinte vor die Säue werfen» oder «Der Finger Gottes hat schon manchem mit rauer Hand ein Bein gestellt».

Vielen aber verrutscht das Bild, ohne dass sie es merken; unfreiwillige Komik produzieren sie, und die gehört zum Schlimmsten, was einem Schreiber oder Redner widerfahren kann. In PR-Texten trifft man auf «Meilensteine, die endlich ihr Ziel erreichen», und eine Gewerkschaft warnte: «Wir lassen uns das soziale Netz nicht durchlöchern.»

Andere schiefe Bilder sind indessen so häufig verwendet worden, dass sie den meisten schon als korrekt gelten; da stellt sich die Gewissensfrage: Soll ich die Mehrheit in ihrem Irrtum bestärken – und mich bei jener Minderheit blamieren, die noch Deutsch kann? Da hat sich in der Zeitung ein Gegner zu einem Befürworter «gemausert» und ein stillgelegter Bahnhof zu einem Museum. Es ist nur so: Der Spatz, der sein altes Federkleid abstößt, mausert sich zu gar nichts, er bleibt ein Spatz; jedes «sich mausern zu» ist Blödsinn.

Geradezu kennerisch gibt sich der «Quantensprung»: Einen jähen, bedeutenden Sprung soll er bezeichnen – doch in der winzigsten aller denkbaren Welten findet er statt, der der Atome. Etwas noch Kleineres, noch Kürzeres als der Sprung der Quanten ist nicht vorstellbar. Und gerade dieser physikalische Unfug hat ihn zu einer ausgeleierten Redensart gebildeter Kreise gemacht.

Fazit: Witz ist willkommen (wenn er denn komisch ist). Bilder sollten stimmen. Ironie ist gefährlich.

ZWISCHENBILANZ (1)

Einfach draufloszuschreiben ist ein Luxus, den sich keiner leisten kann, der von Unbekannten gelesen werden möchte – ob als Blogger, Öffentlichkeitsarbeiter oder Journalist. Um seine Leser muss er werben, und ganz ohne Plage geht das nicht. Am Anfang stehen ein paar schlichte Einsichten – und der Wille, sich an sie zu halten.

Schon mit den ersten 350 Zeichen kann der Schreiber alles verderben: wenn sie nämlich hingehudelt, wenn sie langweilig sind. Mit Saft und mit Feuer muss er schreiben, das konkrete Detail muss er anbieten, alle «Backwaren» und «Befindlichkeiten» zum Teufel jagen.

Die Wörter muss er wägen, vor allem: sie darauf abklopfen, ob sie Farbe haben und Sinn transportieren. Flickwörter muss er meiden, hohle Redensarten ebenso. Kürze aber ist *nicht* der oberste Wert: Bilder, Beispiele, Vergleiche sind oft nötig und stets willkommen. Wer es sich zutraut, sollte seinen Text obendrein mit Witz anreichern.

Mit alldem ist schon viel erreicht – alles noch lange nicht. Die Einladung «Fange das volle Leben ein!» ist nur ein schöner Anfang. Weiter geht's mit Erfahrungsregeln, ja mit Gesetzen für die *Wahl der Wörter*, mit denen man das Unwahrscheinliche erreichen kann: gelesen zu werden! Tausendfach. Vielleicht von Millionen.

Das pralle Wort

8
Mit Silben geizen: Yes, we can!

Dass wir uns nun einer Wissenschaft zuwenden, muss Sie nicht erschrecken. Bisher war von Schwung, Feuer, Pfeffer die Rede – schönen, notwendigen Komponenten aller Texte, die sich Leser oder Hörer suchen; nur messen lässt der Schwung sich nicht. Messzahlen aber gibt es auf einem anderen Feld: dem, das die *Verständlichkeitsforschung* beackert hat.

Die ist eine exakte Wissenschaft, 1949 in Amerika begründet, 1974 auch in Deutschland etabliert, 1985 auf den bis heute gültigen Stand erweitert – und noch immer einem merkwürdigen Schicksal unterworfen: Die wenigsten Berufsschreiber haben je von ihr gehört, in den Richtlinien der Kultusministerien für den Deutschunterricht kommt sie nicht vor, und von einem Deutschlehrer, der sie kennt oder gar beherzigt, habe ich noch nie vernommen. Und zwar nicht, weil die Ergebnisse dieser jungen Wissenschaft in Zweifel gezogen würden – nein: Sie werden ignoriert. Kann es denn noch etwas geben über die Beherrschung der Grammatik und einen Vorrat an Synonymen hinaus? (Kritisches über diese in Rezept **11**.)

Ja, und zwar das Entscheidende. Was hilft der schönste Text, wenn die, für die er gedacht ist, ihn entweder absolut nicht verstehen – oder nur mit einem Aufwand verstehen könnten, den kein Leser ohne Not investiert?

Natürlich, es gibt Menschen, die nicht zu genau verstanden werden *wollen*, Politiker zum Beispiel, Pressesprecher oder Anlageberater. Andere, die mit ihren Texten vor allem zu imponieren wünschen: die Großmeister des Marketing-Jargons, von dem Rezept 15 handelt, und dazu etliche ehrgeizige Feuilletonredakteure. Wieder anderen geht es vor allem ums Einschüchtern (Rechtsanwälten im Umgang mit juristischen Laien); und für einen großen, traurigen Zirkel deutscher Professoren «ist der Ausweis der Wissenschaftlichkeit die Unverständlichkeit» (so die *Neue Zürcher Zeitung*).

All diese lassen wir jetzt beiseite und sprechen von der Verständlichkeit als der Basis aller unverkrampften Kommunikation. Verstanden werden wollen alle Mailer, Blogger, Sachbuch-Autoren, alle Verfasser von Gebrauchsanweisungen, die meisten Journalisten und erfreulich viele Öffentlichkeitsarbeiter. Die Mehrzahl *schreibt* auch überwiegend verständlich kraft Ehrgeiz und Instinkt. Dazulernen aber können so ziemlich alle.

Die Lesbarkeit eines Textes lässt sich zu 80 Prozent mit nur zwei Generalregeln drastisch erhöhen: einer für den *Satzbau* (Rezept 20), der anderen für die Wahl der *Wörter*.

Die hier: Es klingt erstaunlich einfach und leuchtet rasch ein: *Ein Wort ist umso verständlicher, je kürzer es ist.* Wetter liest sich leichter als «Witterungsbedingungen», leere Betten sind anschaulicher als «Kapazitätsüberhänge im Beherbergungsgewerbe», und Schiller wusste schon, warum er formulierte: «Und frei erklär' ich alle meine Knechte» – nicht aber: Die Abhängigkeitsverhältnisse meines Dienstpersonals werden hiermit aufgehoben.

Die kurzen Wörter sind ja zugleich die bekanntesten und obendrein die konkreten, für die schon Rezept **3** geworben hat – und in einsilbigen Wörtern sind die Urtatsachen unseres Lebens eingefangen: Haut und Haar, Kopf und Fuß, Hand aufs Herz – Haus und Hof, Bett und Tisch, Stall und Pferd – Berg und Tal, Wald und Feld, Fluss und Meer, Eis und Schnee, Tag und Nacht.

Wie sehr wir die Einsilber lieben, demonstrieren auch viele populäre Wortverbindungen: Hab und Gut, Schall und Rauch, auf Schritt und Tritt, durch dick und dünn, mit Stumpf und Stiel. Manchmal gehen wir so weit, zweisilbige Wörter unter leichter Strapazierung der Grammatik auf eine Silbe zu verkürzen: Katz und Maus, Speis und Trank, Lug und Trug. Und was uns zu lang ist, reduzieren wir kühn auf eine Silbe: den Zoo, die Lok, den Bus, den Frust.

Ist also die These «Mit der Kürze wächst die Verständlichkeit» schon plausibel, so muss uns noch mehr beeindrucken, dass *auch die Kraft* in der Kürze liegt. Mit den Ausnahmen Hunger, Liebe, Eifersucht sind unsere starken Gefühle in jeweils einer Silbe eingefangen – ein paar positive (Glück, Lust, Spaß, Stolz, Ruhm) und die negativen fast alle:

Angst	Hass	Scham
Leid	Neid	Schmach
Gram	Wut	Schmerz
Pein	Zorn	Mord
Qual	Gier	Tod

Da versteht man Winston Churchill, Träger des Nobelpreises für Literatur, der gepredigt hat: «Die alten Wörter sind die besten, und die kurzen alten Wörter sind die allerbesten.» Mit vier uralten Einsilbern hat er Weltgeschichte gemacht in seiner berühmten «Blut-, Schweiß- und Trä- nen-Rede» vom 13. Mai 1940, als England allein gegen den scheinbar unbesiegbaren Hitler stand: Er habe den Engländern nichts zu bieten als *blood, toil, tears and sweat* (toil, die Mühsal, die Plage, haben wir im Deutschen weg- gelassen) – und ebendiese vier Einsilber gingen den Eng- ländern unter die Haut, die Historiker sind sich da einig. Mit Blutverlust, Schweißabsonderung und Überstunden wären sie vermutlich so wenig zu motivieren gewesen wie mit der Aufforderung, «vielerlei Unannehmlichkeiten» in Kauf zu nehmen.

Die Londoner Zeitschrift *Economist* ist mit Churchill einer Meinung: «Benutze nie ein langes Wort», heißt es in ihrem Stilkodex, «wenn ein kurzes es auch tut», und der amerikanische Klassiker William Strunk gibt den schönen Rat: «Erliege nie der Versuchung, ein 20-Dollar-Wort zu verwenden, wenn ein 10-Cent-Wort zur Hand ist, das den- selben Zweck erfüllt.» 20-Dollar-Wörter, das sind zum Beispiel solche:

Befindlichkeitspegel	Vergangenheitsbewältigung
Paradigmenwechsel	Kundenzufriedenheitsanalyse
Motivationsstrukturen	Effizienzsteigerungsprogramm
Inaugenscheinnahme	Emissionsreduktionspotenziale

Der Befindlichkeitspegel könnte die *Laune* sein, die Moti- vationsstrukturen würden sich in den Motiven, Antrieben oder Gründen ausreichend wiederfinden, und wo sich nichts verkürzen lässt, sollte man das Weglassen erwägen. Und es waren vier knackige Einsilber, mit denen die *Süd- deutsche Zeitung* 2009 ihren Bericht über die Schließung eines lange umstrittenen Bordells in Baden-Württemberg überschrieb: «Der Puff ist zu.»

Auch zwei amerikanische Präsidenten haben mit weltgeschichtlichem Erfolg in diesem Sinn gehandelt. Die Rede von Abraham Lincoln auf dem Schlachtfeld von Gettysburg (1863) schließt mit einer Passage, die zu 76 Prozent aus einsilbigen Wörtern besteht (amerikanische Stillehrer haben es bewundernd nachgezählt), und drei Einsilber von unübertrefflicher Schlichtheit haben zum Wahlsieg Barack Obamas beigetragen: «Yes, we can!»

Zugegeben, dass Hillary Clinton sich mit nur *zwei* Einsilbern nicht gegen Obama durchsetzen konnte – ihren Einstieg in den Kampf um die Präsidentschaftskandidatur hatte sie im Internet mit genau vier Buchstaben mitgeteilt: «I'm in.» Daneben ist selbst Twitter geschwätzig.

Wortdreimaster

So nennt Arthur Schopenhauer jene vielsilbig zusammengekoppelten Substantive, denen wir ansehen sollten, dass ihr hinterster Bestandteil nichts ist als Geschwätz – ein überflüssiger dritter Mast, der gekappt werden muss, wenn das Schiff seetüchtig sein soll.

Das *Wettergeschehen* oder die *Witterungsbedingungen* zum Beispiel – was, außer sinnfreien Silben, fügen sie dem *Wetter* hinzu? Beliebte tote Masten sind die *Setzungen*; in der Form der *Zielsetzung* besonders, die doch unrettbar ein Vorgang ist («Die FDP ist zu einer Zielsetzung zusammengetreten»), de facto aber nur das Ziel töricht aufbläht; und die *Stellungen* (Aufgabenstellung, Problemstellung, Themenstellung) – obwohl die Aufgabe keine wäre, wenn sie nicht gestellt würde.

Oft lesen wir *Bedrohungssignal* – und hätten mit *Drohung* alles gesagt: da sie keine wäre, wenn sie nicht das Signal gäbe, dass sie eine ist. Die *Gefahr* hat die Fähigkeit, uns zu gefährden, das ist klar – das in Wirtschaft und Politik beliebte *Gefährdungspotenzial* hat ihr nichts voraus außer fünf toten Silben. Die Einfluss*nahme* ist der *Einfluss* (er wäre ja keiner, wenn er nicht genommen würde), und das Auslese-*verfahren* ist eine *Auslese*, ein Vorgang mit unvermeidlichem Verfahrenscharakter (zumal, solange die Weinbauern nicht zum Weinleseverfahren fahren, sondern zur Weinlese). Ein Energiekonzern teilt mit, der Erdgas*bezug* werde billiger (das Erdgas also nicht?), und das Flughafenpersonal befindet sich auf der Höhe der Zeit, wenn es uns nicht das Einsteigen, sondern den Einsteige*vorgang* erleichtern will.

Nachschub an den beliebten Wortdreimastern holen wir uns mit Vergnügen aus dem Englischen. Die Front*linie* ist eine geschwätzige Nachäffung der *frontline*, was die vorderste Linie ist, also die *Front*. Die deutsche *Küste* hat sich auf dem Umweg über die *coast line* zur Küsten*linie* aufgebläht, die nicht einmal der Duden duldet. (In Rezept **13** ein paar Beispiele mehr.)

Wer sich weigert, diesen modischen Missbrauch mitzumachen, der hebt sich von Unmengen des Geschriebenen angenehm ab. Es mag ja sein, dass manche Leser sich durch «widrige Witterungsbedingungen» nicht behelligt fühlen – aber bei «schlechtem Wetter» greifen sie rascher zum Regenschirm.

Mitleid allerdings gebührt jenen freiberuflichen Journalisten, die nach zusätzlichen Silben förmlich gieren: weil sie ihr schäbiges Zeilenhonorar aufbessern wollen. «Warum denn noch «Straßen» schreiben, wenn *Asphaltschluchten* es ebenso tun?», fragte eine Autorin der *taz*. Warum statt

«Möbeln» nicht *Einrichtungsgegenstände* verwenden, statt
«lustig» nicht *zwerchfellerschütternd?*

Das ist wenigstens ein klares Motiv. Die bei weitem meisten Dreimaster-Produzenten sudeln einfach Silben hin,
die gerade in Mode sind. Mode*verweigerer* können Punkte
machen.

9
Lasst Verben tanzen!

Ist das Tätigkeitswort *popeln* zur schriftlichen Verwendung geeignet? Aber natürlich – sogar in der Literatur! Heinrich Böll lässt seinen «Clown» über einen Herrn vom Christlichen Bildungswerk sagen: «Es war der Typ, der noch einmal angerufen und sich auf eine langwierige Art *ausgeschleimt* hätte. Es war viel besser, ihn ganz allein in seinem Gewissen *herumpopeln* zu lassen.»

Da hatte Böll – durchweg ein Vorbild für alle, die gelesen werden wollen – zwei Fliegen mit einer Klappe geschlagen: durch zwei ungewöhnliche Wörter Aufmerksamkeit gewonnen und sich dafür der Königswörter bedient: der *Verben*, der Tätigkeitswörter, auch «Tatwörter» genannt. Sie sind die Beweger, sie *treiben* den Satz voran, idealerweise *ziehen* sie den Leser durch den Text. In jedem Grenzfall sind sie den Substantiven vorzuziehen (den Adjektiven sowieso: Gegen die geht's im nächsten Rezept).

Zuvor müssen wir die Ausnahmen abhaken, und leider sind es viele. Nichts gewonnen ist natürlich mit *toten Verben*, die kein Tun beschreiben:

liegen	sich handeln um
vorliegen	geben (es gibt)
vorhanden sein	aufweisen (statt *haben*)
sich befinden	darstellen (statt *sein*)

Auch ist die Tätigkeit noch kein Gütesiegel, wenn sie sich passiv vollzieht (erfolgen, geschehen) oder die Bewegung unanschaulich ausdrückt (durchführen, bewerkstelligen).

Niemand liebt die bürokratischen Verben (verbleiben, be-
auskunften, bezuschussen) und kaum einer die akademischen Imponiervokabeln auf -ieren: sensibilisieren, tabui-
sieren, instrumentalisieren; und *thematisieren* heißt auf
Deutsch immer noch: aufgreifen, drüber reden, zur Sprache bringen, zum Thema machen.

Vor eine Geschmacksfrage stellen uns solche Verben,
die uns eine Tätigkeit vorgaukeln, die nie stattfindet: Der
Berg *ruft*, die Häuser *ducken sich* unter ihn, die Bäume
werfen Schatten. Journalisten kommen oft in Versuchung,
sich noch mehr solcher Schein-Taten auszudenken: In
einem Zimmer, das der Autor beschreiben möchte, steht
eine venezianische Kommode und *tut* natürlich nichts –
in der Reportage aber «vervollständigt sie das Bild eines
erlesenen Interieurs».

Das macht sie zum Verwandten der Bänke im Stadt-
park, die sich, nach einem ungeschriebenen Urgesetz
des Lokaljournalismus, einer merkwürdigen Tätigkeit
hingeben: «Sie laden zum Verweilen ein.» In dem Fach-
buch «Wozu noch Zeitungen?» steht das Verweilen im
Dienst der weltfremden Behauptung: «Zeitungen laden
zum Verweilen ein, Texte werden bis zum Schluss (!) rezi-
piert.»

Genug der toten, der hässlichen, der ins Nichtstun hin-
eingemogelten Verben – nun kommen wir zu den beiden
Formen, in die wir uns verlieben sollten.

Das sind zum Ersten die Tätigkeitswörter, die eine der
abscheulichen *Nominalkonstruktionen* zerbrechen: «Nominalstil» nennt die Stilistik die Vorliebe für vermeidbare,
gespreizte, erkünstelte Substantive – auch «Amtsdeutsch»
oder «Bürokratenjargon» genannt, obwohl er in der Wirtschaft ebenso zu Hause ist.

In der simpelsten Form lesen wir: *zur Anzeige bringen* statt anzeigen, *zur Anwendung gelangen* statt anwenden, *zum Tragen kommen* statt sich durchsetzen, *Verwendung finden* statt verwendet werden, *Auftrieb erfahren* statt sich steigern. Steigern lässt sich diese Technik bis zu der Missgeburt, mit der ein Intermedia-Kongress in Hamburg angekündigt wurde:

> Im Mittelpunkt stehen drei Problemkreise: die technische Realisierbarkeit neuer Kommunikationsmittel in ihrer jeweiligen Relation zur wirtschaftlichen Praktikabilität und zur kundenseitigen Akzeptanz.

Und es hätte doch heißen können:

> Der Kongress will für die neuen Medien klären, was die Technik *kann*, was die Wirtschaft *will* und was die Kunden *mögen*.

Und die Sparkasse hätte nicht mitteilen müssen:

> Die Vorstände streben keine Leistungserbringung auf Kostendeckungsbasis, sondern die Erzielung von Überschüssen an.

Leistungserbringung! Sondern:

> Die Vorstände wollen Überschüsse erzielen – nicht bloß die Kosten decken.

Dieser kapitale Humbug wird in Rezept **15** noch einmal aufgespießt. Bis dahin gilt die Faustregel: *Wo ein Verbum passt, wird es dem Substantiv vorgezogen.* Nicht «Unsere Aufgabe ist das Lösen von Problemen» oder «die Lösung von Problemen», sondern: Unsere Aufgabe ist es, Probleme zu lösen. Und nicht: «Hier erfuhr er die Ursache der ganzen Entwicklung», sondern: Hier erfuhr er, wie alles gekommen war.

In den Verben ist die Stimmung: «Einsam bist du sehr alleine. Aus der Wanduhr *tropft* die Zeit.» (Erich Kästner) Und vor allem die Bewegung: «Und es wallet und siedet und brauset und zischt» bei Schiller; bei Heine: «Die Schönheit ist zu Staub verfallen, du wirst zerstieben, wirst verhallen.» Welche Fülle bietet sich uns da an! Das Kind kann weinen, schluchzen, heulen, flennen, je nach Stilebene und Intensität; es kann auch jammern, wimmern, winseln, greinen, plärren, schreien. Im «Parfum» von Patrick Süskind werden wir mit zwölf Verben Zeugen einer wilden Aktivität:

> Mitten in der Nacht *erwachte* das Haus in der Rue Droite zu emsigem Leben. In der Küche *flammten* die Feuer auf, durch die Gänge *huschten* die aufgeregten Mägde, treppauf, treppab *eilte* der Diener, in den Kellergewölben *klapperten* die Schlüssel des Lagerverwalters, im Hof *leuchteten* Fackeln, Knechte *liefen* um die Pferde, andere *zerrten* die Maultiere aus den Ställen, es wurde *gezäumt, gesattelt, gerannt* und *geladen* …

Bewegung ist etwas dermaßen Natürliches, sie motiviert den Leser so, dass jeder Schreiber gut daran tut, auch aus dem scheinbar Untätigen die Dynamik herauszukitzeln. «Max ist im Sandkasten», das kann man sagen, «er weilt im Sandkasten», das wäre die falsche Stilebene – doch mindestens spielt er ja im Sandkasten, wahrscheinlich gräbt er, buddelt, schaufelt, schippt und wühlt er, und wenn wir Glück haben, krakeelt er noch dazu.

Da muss nun Goethe her mit einem berühmten Mus-
terfall: «Er hatte nichts bei sich, um das Verlangen des
Kindes zu stillen», hieß es in seinem Roman «Wilhelm
Meisters theatralische Sendung». Doch in der späteren
Fassung (unter dem Titel «Wilhelm Meisters Lehrjahre»)
lesen wir: «Er *fand* nichts bei sich, um …» Das ist raffiniert, denn sehr dynamisch klingt «finden» ja nicht, aber
das stille Verbum stellt dem Leser eine lebhafte Tätigkeit
vors Auge: das Abklopfen der Taschen.

Natürlich, jeder hat die Freiheit, dergleichen als zu fein
gehäkelt zu empfinden, als einen Luxus für Schreiber, die
sehr viel Zeit und sehr viel Ehrgeiz haben. Schon richtig.
Doch es gibt ja Texte, bei denen es sich lohnt, um Feinheiten wie diese zu ringen: Liebesbriefe, Leserbriefe, Bewerbungsbriefe, den ersten Versuch eines Zeitungsartikels
oder den Blog, der Furore machen soll. Und wer im Hinterkopf die Mahnung spürt «Lass die Verben tanzen!» –
denn nur so ziehst du, schiebst du Leser weiter bis zum
Schluss: Dem drängt sich das dynamische Wort fast von
allein in die Tasten.

«Der Morgenwind blies stark und schlug sich mit eini-
gen Schneewolken herum und jagte abwechselnd leichte
Gestöber an den Bergen und durch das Tal.» Ja, da herrscht
Bewegung am Himmel, und da nehmen wir in Kauf, dass
es wieder Goethe ist, der die Wolken angeschoben hat.

Passiv und falsches Imperfekt

Das *Passiv* ist eine späte, gekünstelte, entmenschlichte Form des Verbums – Kindern schwer zugänglich, in Dialekten selten oder unbekannt. Das Passiv ist ein Werkzeug des Befehls («Jetzt wird gearbeitet!»), ein Lieblingsinstrument der Bürokratie («Sie werden hiermit aufgefordert …») und eigentlich nur in zwei Fällen zulässig: entweder, weil der Schreiber die handelnde Person nicht kennt («Tante Hanna ist überfallen worden») oder weil es nur auf das Objekt ankommt, nicht auf die Person («Der Teig wird so lange gerührt …»). Klassischer Missbrauch im innerbetrieblichen Jargon:

im Original:	auf Deutsch:
Hier *wird* seitens (!) des Betriebsrats sowie der Geschäftsführung die Notwendigkeit *gesehen*, die betriebliche Gesundheitsförderung auf ein breiteres Fundament zu stellen.	Betriebsrat und Geschäftsleitung sind sich einig, dass die Gesundheit im Betrieb stärker gefördert werden sollte.

Das *Imperfekt* (die einfache Vergangenheit, auch *Präteritum* genannt) ist in mündlicher Rede selten («Ich ging ins Kino» sagt kein Mensch) und wird in geschriebenen Texten oft falsch verwendet. Es bezeichnet eine frühere Handlung, die auf die Gegenwart keinen Einfluss mehr hat («Dann zogen wir nach Wannsee um, kauften uns ein Paddelboot …»). Jede vergangene Handlung, die in die Gegenwart hineinwirkt, *muss* im Perfekt stehen. «Woher kannst du so gut Englisch?» «Ich *habe* zehn Jahre in London *gelebt*» (und deshalb kann ich es jetzt). «Die Firma wurde 1930 gegründet» darf nur bedeuten: Und heute existiert sie nicht mehr. Gibt es sie noch, so muss es heißen: «Die Firma ist 1930 gegründet worden.»

Rote Karte – Gelbe Karte

Hier eine Reihe von Verben, die entweder *falsch* benutzt (Rote Karte) oder von Sprachfreunden als *abstoßend* empfunden werden (die Gelbe). Dass wir Wörter beider Arten häufig lesen, legt uns eine von zwei Folgerungen nahe.

Entweder: «Eine Mode mitzumachen kann doch nicht falsch sein, und wenn ich dabei meine Muttersprache ein bisschen verhunze – so what.»

Oder: «Alle Modewörter, selbst wenn sie ihre Sache treffen, haben einen Nachteil: Je häufiger sie benutzt werden, desto weniger Aufmerksamkeit rastet ein (dazu auch Rezept 14). Außerdem: Ein bisschen nett mit meiner Sprache umgehen möchte ich schon.»

Rote Karte

andenken, ein Thema andenken (im Sinn von «sich Gedanken machen über»): albernes Modewort, vom Duden registriert (aber der verzeichnet ja auch Unfug, wenn er oft genug begangen worden ist). «Andenken» ist das Gedenken oder das Souvenir – und sonst nichts.

aufoktroyieren: geschwätzige Erweiterung von «oktroyieren» – was «auferlegen» heißt.

kommunizieren im Sinne von einseitig mitteilen: schamloser, in der Wirtschaft gern begangener Missbrauch eines Begriffs, der eindeutig den *Austausch* von Wörtern, Meinungen, Mitteilungen bezeichnet (vom Duden ebenfalls registriert, siehe oben). «Wir haben unser Programm nicht richtig kommuniziert» heißt eine häufige Selbstkritik von Unternehmen, von Parteien auch. Sie meinen die einseitige Berieselung von Kunden und Wählern – und wären entsetzt, wenn die *antworten*, also Kommunikation überhaupt erst herstellen würden.

nachvollziehen: ein regierendes Modewort mit zwei Nachteilen. 1. Es hat fast ein Dutzend unschuldiger deutscher Wörter verdrängt, also die Sprache ärmer gemacht:

verstehen, begreifen, erkennen, kapieren, einsehen, einleuchten, nachempfinden, sich hineinversetzen. 2. Es ist auch noch unsinnig vom ersten Tage an: *vollziehen* heißt machen, ausführen, in die Tat umsetzen – und nachvollziehen folglich *nachmachen*. Im *Strafvollzug* wie im *Gerichtsvollzieher* ist diese eindeutige, einzige Bedeutung lebendig. Wenn also der Bürgermeister am Tatort sagt: «Ich kann dieses schreckliche Verbrechen nicht nachvollziehen» – so antworte man ihm beherzt: «Das, Herr Bürgermeister, sollten Sie auch lieber bleibenlassen.»

sorgen für heißt *fürsorglich handeln* und sonst nichts: Die Mutter sorgt für ihr Kind. Also ist die Nachricht «Glatteis sorgt für Unfälle» Unsinn, und ein Erdbeben in Ecuador, das für 20 000 Obdachlose «gesorgt» hat, machte dem Roten Kreuz Konkurrenz: Das konnte wieder abziehen, «gesorgt» war ja schon.

vorprogrammieren: modische Verdoppelung. Programm ist schon das vorher Geschriebene.

Gelbe Karte

absehen (in der Form «abgesehen davon, dass …»): ein Unwort. Wenn der Leser oder Hörer eingeladen wird, von etwas abzusehen, so bleibt die Frage, warum er es vorher zur Kenntnis nehmen musste.

beinhalten: Jargon für *enthalten* – mit zwei Nachteilen: Kaum ein anderes Wort ist seit Jahrzehnten in so vielen Sprachglossen als typisch bürokratisch verspottet worden. Und *be-in* im ersten Anlauf zweisilbig zu lesen, schaffen die wenigsten; die viel bekanntere Silbe *bein* drängt sich vor.

dislozieren: Militärjargon für *stationieren*.

fokussieren: überflüssiges Modewort in Wirtschaft und Wissenschaft für *konzentrieren*.

generieren: modisches Fachwort für machen, schaffen, erzeugen, bewirken, hervorrufen.

implementieren: modisches Fachwort für durchführen, einführen, eingliedern, umsetzen, verwirklichen.

initiieren (mit dem einladenden Schriftbild der vier «i»):
Jargon für Anstoß geben, einführen, in die Wege leiten.

kreieren: Das irrtümlich gelesene *Bein* beim «beinhalten»
kennt man wenigstens; hier drängt sich das rätselhafte
Lautbild *kreiern* auf. Zu Deutsch: *schaffen.* (Das Substantiv
Kreativität wird in Rezept **14** demaskiert.)

leben: Das unschuldige Verbum ist vor wenigen Jahren in
der PR mit einer rätselhaften, zwanghaften Zusatzbedeutung
versehen worden: «Wir müssen die Unternehmenswerte
leben – die Sparkassenphilosophie *leben.*» Wunderschön!
Aber wie macht man das?

verraten heißt laut Duden: «etwas weitersagen, was ge-
heim bleiben sollte». Also kann die verlassene Ehefrau nicht
«verraten», dass ihr Mann eigentlich nur sie liebe (ein Klassiker des Illustriertenjargons). «*Spiegel Online* verrät, was
Sex, Familie und Gesundheit in Euro wert wären» ist auch
nicht viel besser. Vorschlag: «Paul Bocuse *verrät*: So brät
man Spiegeleier.»

10
Mit Adjektiven knausern

«Am verfallenen Brunnen vor dem weinlaubumrankten Tore, da steht unverdrossen ein knorriger, uralter, kühlen Schatten spendender Lindenbaum.» So heißt das gar nicht? Richtig! Streichen wir die sechs Adjektive, und wir erkennen das Volkslied wieder.

Nächst den Flickwörtern und den hohlen Redensarten, vor denen Rezept 5 warnte, sind die Eigenschaftswörter die am meisten überschätzte und missbrauchte Wortart. Meist weichen sie den Text auf, rauben ihm also jene Straffheit und Farbe, die das Lesen zum Vergnügen machen können.

Farbe? Ist nicht gerade sie es, die durch Adjektive in die Sprache kommt? So haben die Deutschlehrer es uns beigebracht. Sie taten ja recht daran, uns in den Reichtum unseres Wortschatzes einzuführen. Nur hätten sie uns ins Leben entlassen sollen mit der Warnung, von den Adjektiven einen sparsamen, wohlüberlegten Gebrauch zu machen. Wenn nur und gerade die Eigenschaftswörter die Stimmung hervorriefen – wie hätte dann (in einer Zeit, als man noch Gedichte lernte) dieses das populärste deutscher Sprache sein können?

Über allen Gipfeln ist Ruh,
In allen Wipfeln spürest du
Kaum einen Hauch.
Die Vögel schweigen im Walde.
Warte nur, balde
Ruhest Du auch.

Goethe. Stimmung: 100. Adjektive: 0.

Kritischen Umgang mit Eigenschaftswörtern haben fast alle Stillehrer empfohlen – am drastischsten Georges Clemenceau, der Chefredakteur, dem 1898 zu Émile Zolas Streitschrift in Sachen Dreyfus die berühmteste Überschrift der Zeitungsgeschichte einfiel, «J'accuse!» (Ich klage an). Dieser Clemenceau hatte in seiner Redaktion das Schild hängen: «Wenn Sie ein Adjektiv verwenden wollen, so kommen Sie zu mir in den dritten Stock und fragen, ob es nötig ist.»

Und das in Frankreich! Wo man «trinkbares» Wasser sagt, *eau potable* – nicht Trinkwasser wie wir. Die romanischen Sprachen und das Englische gehen mit dem Adjektiv grundsätzlich anders um: Die *natural history* ist keine natürliche, sondern die Naturgeschichte, die italienische *polizia stradale* keine straßliche, sondern die Straßenpolizei.

Mehr als das: Den *lucky star* müssen wir geradezu mit «Glücksstern» übersetzen, «glücklich» ist er durchaus nicht, und auch das *centre sportif* ist ein Sportzentrum – «sportlich» an ihm sind die Zuschauer überwiegend nicht und erst recht nicht das Gebäude. «Adjektiv» heißt ja seinem lateinischen Ursprung nach nur: das ans Hauptwort Herangeworfene, eine Beifügung beliebigen Charakters; dass sie eine *Eigenschaft* des Substantivs beschreiben soll, ist eine deutsche Einschränkung.

Aber diese Begrenzung *haben* wir, und Adjektive vermeiden wir, wo immer die Grammatik das hergibt, und auch in den Sprachen, wo sie beliebt und korrekt sind, warnen die Stillehrer vor ihnen. Was also brauchen wir noch, um Adjektive in unsere Texte nur nach kritischer Prüfung einzulassen?

Ach ja – es gibt für jeden Freund lebendiger Sprache einen frischen Grund, sie abzuweisen: Seit etwa einem halben Jahrhundert bläst die akademische Welt die Adjektive geradezu zum Abzeichen ihres Ranges, ihrer Sonderstellung auf. Ist es nicht eindrucksvoll, von «*situativen* Gegebenheiten» zu sprechen statt einfach von der «Lage»? Und was untersuchten nach dem Amoklauf von Winnenden im März 2009 die Soziologen in der *FAZ*? «Die *motivationalen* Voraussetzungen» dieses «*suizidalen* Massakers» – die Gründe also, die Antriebe des Todesschützen. Motivational! Dafür hat man schließlich studiert, dreizehn Semester lang.

Haben wir noch Weltprobleme? *Mundal* sind sie. Was ist das Lachen? Ein *faziales* Signal. Was ist ein Gürtel? Ein *vestimentäres* Attribut. Was sind «*interaktionsfolgenrelevante* Verbindlichkeiten»? Irgendwas von Habermas, zehn Silben lang.

Längst hat die Bürokratie nachgezogen. «*Verkehrliche* Belange» werden gewürdigt, *universitäre* Bereiche abgegrenzt, *schulische* Leistungen geprüft. Schulisch! Das ist kein übliches, kein erträgliches Wort der deutschen Sprache. Und die Berufsschulen, 1921 unter diesem Namen ins Leben gerufen, sehen sich nun als *berufliche* Schulen ausgeschildert.

Schon macht sich dieser Unfug auch unter Journalisten und Öffentlichkeitsarbeitern breit: Das Winterwetter spreizt sich als *winterliche* Witterung, das Elternhaus als *elterliches* Haus, und es ist nur eine Frage der Zeit, bis in den *berglichen* Wäldern das *alpine* Veilchen blühen wird. In einem Unternehmen wird nach «den wichtigsten *kommunikativen* Aufgabenstellungen und Zielsetzungen» gefragt – und dagegen ist dreierlei zu sagen:

- Man schmeiße die «Stellungen» und «Setzungen» weg – zwei törichte Silbenblähungen mit der Aussage null (Rezept **8**).
- Man erkenne, dass *kommunikativ* nicht eine *Eigenschaft* der Aufgabe ist, sondern ihr Objekt, ihr Ziel – dass man also einen Begriffssalat angerichtet hat.
- Und man schreibe folglich: «Was sind die wichtigsten Aufgaben und Ziele der Kommunikation?» Aber da hätte man sich fürs Deutsche entschieden.

Das ist noch nicht alles. Unsere Wirtschaft produziert keine *hochwertigen* Waren – «*qualitativ* hochwertig» müssen sie sein, eine Zwangshandlung der PR-Abteilungen. Eine Firma will ihr Erscheinungsbild verbessern, warum nicht – aber es ist ihr *visuelles* Erscheinungsbild, von dem sie spricht. Tautologie nennt man dergleichen oder doppelt gemoppelt. Jede dieser Doppelmoppelungen gibt das Signal: «Habe *ich* es nötig, beim Schreiben nachzudenken? Und was gehen mich meine Leser an?» Mit Hilfe dieser Gesinnung kommt denn auch die *geschäftsbereichsüber- greifende* Verkaufsförderung unter die Leute und das *ver- braucherdatenorientierte* Produktmanagement (jeweils drei Wörter sind da imposant gekoppelt).

Müssen wir noch von den rostfreien Stahlhändlern reden und den fünfköpfigen Familienvätern? «Die Unken- rufe der fossilen Energielobby» sind nach diesem Muster gebildet – aber die Lobby für die fossile Energie (die offen- bar gemeint ist) ist so wenig eine «fossile Energielobby», wie wir den Verkäufer warmer Würstchen einen warmen Würstchenverkäufer nennen sollten. Hier war wohl ein flüssiger Textverfasser nicht imstande, drei Wörter seiner Muttersprache in ihre natürliche Ordnung zu bringen.

Wollen wir hoffen, dass er kein vierstöckiger Hausbesitzer ist.

Und nützliche, gar schöne Eigenschaftswörter gäbe es gar nicht? O ja! Nötig sind die Adjektive der Unterscheidung: das blaue Kleid, nicht das grüne. Nützlich manchmal die der Einordnung: die Größeren zuerst. Oder der Wertung: ein sehenswerter Film.

Pralle, sinnliche Adjektive aber sind selten. Der bucklige Weiberheld Georg Christoph Lichtenberg wusste «die Reize eines *elastischen* Dorfmädchens» zu rühmen und sagte den zeitgenössischen Bürokraten eine *frachtbriefmäßige* Art, sich auszudrücken, nach. Eichendorff ließ «die Brunnen *verschlafen* rauschen in der prächtigen Sommernacht». Kleist berichtet von einem «der rechtschaffensten und zugleich entsetzlichsten Menschen seiner Zeit». Heine beschrieb den 75-jährigen Goethe, nachdem die 19-jährige Ulrike von Levetzow ihm einen Korb gegeben hatte, mit vier erschütternden Adjektiven: das Gesicht «gelb und mumienhaft, der zahnlose Mund in ängstlicher Bewegung».

Das saftvolle Adjektiv wächst auch nach: Adenauer machte das rheinische *pingelig* populär, Wolf Biermann «das *breitärschige* Selbstmitleid», das er zunächst den Bewohnern der alten DDR nachsagte. Über den bayerischen Ministerpräsidenten Seehofer schrieb die *Süddeutsche* 2009, er grinse «*heiratsschwindlerisch* in alle Volksrichtungen».

Was folgt daraus für unsereinen? Wir halten uns, wenn wir Leser gewinnen und durch unsern Text ziehen wollen, an den einfachen Rat: Adjektive haben anzuklopfen, ehe wir sie einlassen, und die meisten bleiben einfach draußen.

Schlussverkauf

Die folgenden Adjektive sind, zumal unter Berufsschreibern, dermaßen in Mode, dass die Hoffnung besteht, sie könnten bald sehr alt aussehen.

proaktiv: modisches Rätselwort für *aktiv* (oder für gar nichts), «ein Blähwort der Werbebranche» (*Süddeutsche Zeitung*, 13. 7. 09). Offenbar soll das *pro* bedeuten, dass die Aktivität «vorwärts» verläuft (aber das tut sie immer) oder «mit Vorausschau» einhergeht (aber das sollte sie immer) oder «selbstbestimmt» ist (so die Definition des österreichischen Psychiaters Victor Frankl, gestorben 1997) – aber wann ist sie das schon?

provokativ: modische Aufblähung von *provokant.*

resignativ: modische Aufblähung von *resigniert* oder *resignierend.*

zeitgleich: modisches Unwort für *gleichzeitig.* «Zeitgleich» wäre nur richtig, wenn zwei Sportler in verschiedenen Läufen die gleiche Zeit erreicht hätten; im selben Lauf können sie nur «gleichzeitig» ins Ziel gehen.

zeitnah: modisches Unwort für bald, flott, gleich, prompt, rasch, schleunigst, schnell, sofort, sogleich, umgehend, unverzüglich, zügig, im Handumdrehen, in Kürze, im Nu. Dieser Fülle das Kunstwort entgegenzusetzen, bestand wahrlich kein Anlass (außer, dass Juristen das Ungefähre lieben). «Eine Vokabel der verlautbarenden Klasse, die wie Pappe schmeckt» (*FAZ*, 5. 12. 05).

zwischenzeitlich: modisches Unwort für *inzwischen* oder *zwischendurch.*

11
Der Krampf der Synonyme

«Köln» in einem Schulaufsatz zweimal zu erwähnen ist verboten, «die Domstadt» muss es heißen; Frankfurt die «Mainmetropole», und der Elefant darf nur als «Dickhäuter» wiederkehren. *Synonyme* zu suchen, Wörter gleicher oder ähnlicher Bedeutung, die «lexikalische Varianz» zu pflegen: Das ist ein zentraler Ansatz des Deutschunterrichts – wieder, wie bei den Adjektiven, als erster Schritt vernünftig, damit die Kinder in den Wortschatz ihrer Muttersprache hineinwachsen; wenn darauf nur der zweite Schritt folgen würde: «Und nach der Schule unterscheidet bitte nach Haupt- und Nebensachen!»

Für die *Nebensachen* sind Synonyme hocherwünscht, für Verben, Adjektive, Präpositionen – da ist die Meinung einhellig: nicht zweimal nacheinander *aber* schreiben, sondern variieren mit doch, jedoch, dagegen, allerdings; nicht zweimal *machen* schreiben, sondern abwechseln mit tun, handeln, arbeiten, verrichten, anfertigen, herstellen, produzieren, schaffen.

In einem längeren erzählenden Text kann es durchaus attraktiv sein, einen durchgängig schlechtgelaunten Menschen auch mal als übellaunig, missmutig, trübsinnig, verschnupft, verbittert zu bezeichnen oder eines der schönen alten Wörter wie griesgrämig, miesepetrig, sauertöpfisch zu riskieren.

Habe ich Zeit und Lust, an meinem Text zu arbeiten, so ist es gar nicht dumm, wenn ich meine Einfälle durch ein Synonymlexikon anreichere («Sag es treffender» o. Ä.).

Bei den Hauptsachen aber, den *Substantiven*, den Säulen meiner Sätze, sieht es völlig anders aus: Für viele gibt es gar keine Austauschwörter (1) oder nur scheinbare (2) oder peinliche und lächerliche (3); und wo es sie gibt, sollten wir dreimal stutzen, ehe wir sie niederschreiben (4).

1. Für die meisten konkreten Hauptwörter steht ein sauberes Synonym nicht zur Verfügung. Für den Tisch zum Beispiel. «Vierbeiner»? Der ist schon vergeben: im Schulaufsatz- und Zeitungsjargon für den *Hund* (ziemlich töricht noch dazu, da auch Kühe, Ameisenbären und Krokodile vier Beine haben). Auch der *Wind* lässt sich nicht variieren: Sturm ist stärker, Brise schwächer, die Bö nur jäh. Dass das Wort *Krieg* kein Synonym hergibt, hat der deutsche Verteidigungsminister 2009 in Afghanistan schmerzlich lernen müssen.

2. Vor vielen Ersatzwörtern ist zu warnen: Nur scheinbar sind sie synonym. Der Köter ist kein fairer Ersatz für den *Hund*; das *Gesicht* würde durch Wechsel im Ausdruck unvermeidlich auf eine andere Stilebene geschoben werden: nach oben zum Antlitz, nach unten zur Fresse, Fratze und Visage; und der Profit versieht den *Gewinn* mit einem Schlenker ins Negative. Wenn Journalisten den *Besuch* der Bundeskanzlerin in Moskau regelmäßig zur «Visite» abwandeln, so könnte Putin sich das verbitten: Denn die Visite ist ein Besuch von oben herab – des Chefarztes am Krankenbett, des Kardinals in der Diözese.

3. Unerschrocken aber geben sich die meisten Journalisten der Synonymitis hin – traurige Opfer eines nur halbverstandenen Deutschunterrichts, erschreckend gleichgültig gegenüber der Verstehbarkeit ihrer Texte und ohne Organ für das oft Absurde ihrer Zwangsvorstellungen. Wie hat die *Wahl* in den Nachrichten bei der zweiten Nennung

zu heißen? «Urnengang». Hat der Nachrichtensprecher das Wort «Urnengang» zu Hause je verwendet? Nein. Könnte er es auch nur benutzen, ohne auf ein erstauntes «Hä?» zu stoßen oder ausgelacht zu werden? Wieder nein.

Zwei *Störche*, natürlich, dürfen im nächsten Satz nur als «zwei Freunde Adebar» durch den Salat stolzieren. Und wie viele Deutsche wissen schon, was am «Ballhausplatz» geschieht? Aber als Synonym für die österreichische Regierung *hat* er im Fernsehen aufzutauchen, wenn «Österreich» und «Wien» verbraucht sind.

Ein Tiefpunkt dieser Unart war in dem Zeitungsvorspann erreicht: «Haschisch ist gefährlich. Jeder zehnte Hamburger Schüler, der Cannabis nimmt, wird süchtig.» Wieso ist *Haschisch* gefährlich, wenn doch *Cannabis* süchtig macht? Weiß denn die Mehrheit, dass das offenbar dasselbe ist? Und hat die Minderheit derer, die es wissen, darauf gedrungen, dass die Zeitung die Sinne der Kiffer und der Wissenden mit lexikalischer Varianz erfrischt?

Kritik gibt es auch – gelegentlich. Als in der *Süddeutschen Zeitung* die Weihnachtsbäume als «die nadligen Gesellen aus unseren heimischen Wäldern» wiederkehrten, wurde es dem Sprachkritiker des Blattes zu bunt: Er verspottete den Autor öffentlich und das «angedrillte Wortwiederholungsverbot» gleich mit.

4. Wörter *haben* wiederholt zu werden, wenn sie die Pfeiler des Textes sind, wenn sie die Aussage tragen. Wer für *die Hauptsachen* – die handelnde Person, die tragenden Begriffe – Synonyme auch nur sucht (wie leider die meisten Journalisten): Der versündigt sich an der Verständlichkeit, und wissenschaftliche Arbeiten, Protokolle, Reiseführer und Gebrauchsanweisungen macht er unbrauchbar. Die Bezeichnung einer Person oder einer Sache zu wech-

seln, obwohl ich weiter sie und nur sie meine: Das verletzt
unser aller Urvertrauen in die Sprache und unser aller
natürliche Erzähltechnik. Wir haben die selbstverständliche
Erwartung, dass einer, der dasselbe meint, fortwährend
dasselbe dazu sagen wird – sodass er, wenn er plötzlich etwas anderes sagt, nur etwas anderes meinen kann.

Wenn ich von Herrn Meyer erzähle, so erwähne ich vielleicht zu Anfang, dass er der neue Mieter ist und Professor
der Betriebswirtschaft; aber dann sage ich selbstverständlich nichts als Meyer – er, Meyer – er, und nicht etwa nach
drei Minuten «der Freizeitsegler», wie es Journalisten lieben. Wer ist denn das nun wieder?, würde mein Gegenüber fragen. Doch zu ebensolchem Schwachsinn fühlen
viele Journalisten sich verpflichtet – weil man doch nicht
dauernd «Meyer» sagen könne! Doch: Man kann, und
man muss. Auch der Prediger der verwirrend spät nachge-
schobenen, abstrusen Synonyme würde sich niemals anders verhalten, sobald er es mit einem privaten Gesprächs-
partner zu tun hätte.

Sollen wir denn schreiben, wie wir reden? Das ist das
große Thema von Rezept 24. Können wir aus der mutwil-
ligen Wiederholung des immer selben Wortes nicht sogar
ein Stilmittel machen? So zum Beispiel: «Sie sind Doc-
tores? Ich auch. Sie sind gelehrt? Ich auch. Sie sind Prediger? Ich auch.» Luther ist das, im «Sendbrief vom Dol-
metschen», noch sechs weitere Male beharrt er gegen die
«Papisten» auf dieser Stilfigur und fährt fort:

> Und ich will mich weiter rühmen: Ich kann Psalmen und
> Propheten auslegen – das können sie nicht. Ich kann über-
> setzen – das können sie nicht. Ich kann beten – das können
> sie nicht.

Da hatte Lessing ein großes Vorbild für seine gloriose Streitschrift gegen den Pastor Goeze:

> So wenigstens denke ich, unbekümmert, wie sehr sich der Herr Pastor darüber wundert. Ich wundre mich nicht einmal, dass er sich wundert. Der Himmel erhalte uns nur noch lange in dem nämlichen Verhältnisse, dass er sich wundert und ich mich nicht.

Man kann nicht ausschließen, dass Lessing das erste der vier *sich wundern* eher beiläufig setzte, dann aber, mit seinem polemischen Temperament, die Chance erkannte, die bloße Wiederholung zum Muskelspiel zu machen. Welche Wirkung erst, wenn ein Wort in sich schon Kraft hat und dann noch einmal herniederfährt: «In diesem Ton» (seinem eigenen) «schreckt man auch ab.» Jetzt die Provokation: «Und das wollte ich.» Und nun trumpft Lessing auf mit ebenjenen Wörtern, die im Schulaufsatz als «verbraucht» gestrichen worden wären, in äußerster Rechthaberei: «Abschrecken wollte ich.»

12
Die Krux mit den Sprachtabus

Political Correctness heißt das Schlagwort, das vor gut zwanzig Jahren aus Amerika zu uns gedrungen ist: die Aufforderung, niemanden durch «unkorrekte» Wortwahl zu kränken oder zu benachteiligen – nicht *Krüppel* zu sagen, nicht einmal Behinderter, sondern «Person mit Mobilitätseinschränkung»; nicht *Ausländer,* sondern «Personen mit Migrationshintergrund»; nicht *Bürger,* sondern «Bürgerinnen und Bürger», denn sonst blieben die Frauen ja ungenannt und wären damit diskriminiert.

Dieser letzte, der *feministische* Sprachgebrauch schneidet am häufigsten und am tiefsten in die Alltagssprache ein: Politiker und Beamte, Betriebsräte und Personalchefs haben sich ihm unterworfen; den meisten Öffentlichkeitsarbeitern und vielen Journalisten lassen ihre Vorgesetzten keine Wahl. Wer sich der Unterscheidung zwischen Wählerinnen und Wählern, Mitarbeiterinnen und Mitarbeitern aus Überzeugung oder unter Druck verpflichtet fühlt, braucht nicht weiterzulesen; auch nicht die mutmaßliche Mehrheit derer, denen das sowieso egal ist.

Der Minderheit der engagierten Verfechter des feministischen Sprachgebrauchs aber steht die starke Minderheit derer gegenüber, die ihn immer überflüssig, oft aber penetrant, ja albern findet. Für diese die folgende Handreichung.

Zunächst die Fachwörter: *Sexus* (engl. «Sex») benennt das biologische Geschlecht, *Genus* (engl. «gender» in seiner ursprünglichen Bedeutung) ist das grammatische Geschlecht, vom biologischen unabhängig: der Hund, die

Katze. *Gender* (in der neuen, der feministischen Bedeutung) steht für das Geschlecht «als gesellschaftlich bedingten Sachverhalt», als soziale Zuschreibung, die über die Chancen in der Gesellschaft entscheidet. Es ist also ein politischer Kampfbegriff, der indessen auf den feministisch «korrekten» Sprachgebrauch zurückwirkt. Dazu vier Thesen.

1. Nicht benachteiligt sind die Frauen durch die *grammatische* Zuordnung der Geschlechter – die beiden haben absolut nichts miteinander zu tun. Wie könnte es sonst «das Weib» heißen? Stört es den Löwen, die Schlange, das Pferd, dass sie alle dieselben zwei Geschlechter haben? Die Sprache gibt sich nicht die geringste Mühe, die biologischen Unterschiede abzubilden, und in ihren ersten 50 000 Jahren hat das keinen gestört.

Wenn wir lesen, dass Berlin 3,4 Millionen Einwohner hat, so kommen auch Feministinnen nicht auf die Idee, die Einwohnerinnen könnten dabei übergangen worden sein. (Wer diese ausdrücklich ausschließen will, muss es schon sagen – wie Rabelais, der 1552 von seinem Riesen Gargantua erzählte: Der «tat seinen Hosenlatz auf und ließ einen solchen Erguss auf die Umstehenden los, dass 260 418 Pariser eines bitteren und feuchten Todes starben, *Weiber und Kinder gar nicht eingerechnet*».)

2. Trotzdem: Die Frauen *sind* in der Sprache benachteiligt. Dass das englische *man* einerseits den Menschen und andererseits nur den Mann benennt, hat eine steinzeitliche Rangordnung in die Gegenwart getragen, und die *Bäuerin* sprachlich nur als Ableitung vom Bauern vorzustellen, ist ungerecht: Denn ihre Arbeit ist meistens die härtere.

3. Wer dies aber nach Jahrtausenden ändern will, muss einen hohen Preis dafür bezahlen: Umständlichkeit immer

und Lächerlichkeit oft. Wenn ein Politiker «den Wählerinnen und Wählern und Sympathisantinnen und Sympathisanten» dankt, finden einige das ja schon ein bisschen komisch; aber wie liest sich erst diese Arbeitsplatzbeschreibung in einer öffentlich-rechtlichen Rundfunkanstalt:

> Der Intendant bzw. die Intendantin ernennt seinen Stellvertreter bzw. seine Stellvertreterin bzw. ihren Stellvertreter bzw. ihre Stellvertreterin.

Laut vorgelesen wäre das nicht zu ertragen. Die Herkunft der geschriebenen Sprache aus der gesprochenen ist hier feministisch zugemüllt.

Die Lächerlichkeit demonstriert der Duden. Um Hunderte von gleichberechtigt fettgedruckten Stichwörtern hat er die deutsche Sprache bereichert: zur Linkshänderin die Linksabbiegerin, die Linksanwältin, die Linksauslegerin, die Linksextremistin, die Linksfaschistin, die Linkssektiererin und die Linksverbinderin. «Singspiele» wurden vor allem im 18. Jahrhundert komponiert, aber im 21. erfahren wir, dass es nicht nur Singspieldichter, sondern auch Singspieldichterinnen gab; da muss in der Duden-Redaktion eine Erbsenzählerin (Stichwort!) am Werk gewesen sein.

Nicht einmal vor der Kriminalisierung der Weiblichkeit schreckt der Duden zurück: Die Erbschleicherin finden wir in ihm, die Drogendealerin, die Mädchenhändlerin – die Massenmörderin, die man unwillkürlich sucht, findet man dagegen nicht, übrigens auch nicht die Schmutzfinkin und die Sündenziege.

4. Und doch ist mit all diesem Furor eine Vollständigkeit nicht annähernd zu erreichen. Warum haben wir noch

ein Einwohnermeldeamt – müsste es nicht Einwohne-
rinnen- und Einwohnermeldeamt heißen? Da der Duden
außer dem Christen auch die Christin verzeichnet – ist es
nicht überfällig, vom Christinnen- und Christentum zu
sprechen? Und wann entschließen sich die Männer zum
Protest, weil bei den Geschwistern die Brüder gar nicht
vorkommen und beim Brautpaar nicht der Bräutigam?

Eine entschlossene, zunächst sehr kleine Minderheit
von Feministinnen hat es geschafft, die deutsche Sprache
weithin zu verändern. Eine Volksmeinung einzuholen hat
sie nie versucht. Die populäre Behauptung, dass die Sprache «sich» entwickle, hat sie widerlegt. Die Wünsche dieser Minderheit zu missachten, ist jedes Deutschsprachigen
gutes Recht. Und wenn eine andere Minderheit versucht,
die Barrikaden abzutragen, die die eine inmitten der Sprache errichtet hat, sollte man ihr auch nicht böse sein.

So aber ist es nicht, dass es nicht auch legitime Sprachtabus gäbe. Das Wort *Endlösung* hat im Deutschen nichts
verloren, solange die Erinnerung daran lebt, dass dies der
Nazi-Begriff für die Ausrottung der Juden war. Aus demselben Grund ist es schwer erträglich, dass das ursprünglich physikalische Fachwort «Vergasung» in der Redensart
bis zur Vergasung immer noch oder schon wieder zu hören
ist und *ausmerzen* auch.

13
Die Anglomanie

«Die» Anglizismen gibt es nicht. Es gibt gute, problematische und unverstandene, je nach ihrem Bekanntheitsgrad; nach ihrem Verwendungszweck wirksame und kontraproduktive, pompöse und total überflüssige. Auf eine realistische Grenzziehung kommt alles an. Beim *Bekanntheitsgrad* lassen sich unterscheiden:

- die *schönen*, praktischen, kaum noch als Import erkannten Anglizismen: Sport, Start, Test, Trick. *Natürlich benutzen.*

- die allgemein akzeptierten, auch wenn sie undeutsch geschrieben werden (Couch, Party, Training, Team) oder nicht ins deutsche Lautbild passen (Steak, Toast, Job. Auch Sex nicht, denn mit einem scharfen *s* beginnt kein deutsches Wort). *Benutzen.*

- die *halbverstandenen* – wie der Service Point der Bundesbahn oder die Wellness, die offenbar etwas mit Wohlbefinden zu tun hat, wenn auch zu erhöhten Preisen. *Möglichst nicht benutzen.*

- die *für die Mehrheit unverständlichen* – und möglicherweise ebendeshalb in Umlauf gesetzten: wie «Downsizing» für Personalabbau; wie jener Bankberater-Jargon, der dazu beigetragen haben könnte, deutsche Kleinanleger durch bombastische Namen für unseriöse Papiere ins Verderben zu stürzen. *(Keinesfalls benutzen, falls man Sie nicht zwingt.)*

Damit sind wir bei den *Verwendungszwecken*. Sie sind ein Spiegel der Gesellschaft und leuchten in Abgründe der Seele.

Fall 1: Man will sich mit englischen Brocken *putzen*. Man sagt *slow motion*, obwohl wir das anschauliche Wort «Zeitlupe» besitzen. Man ist der Verein «Deutsche Sport-jugend» und ruft den jungen Deutschen zu: *Move your body – stretch your mind!*

Fall 2: Mit englischen Wörtern dokumentiert man Zu-gehörigkeit zu einer *Clique*, in der man, mit der man etwas gelten will: so die Snowboarder, die Mountainbiker, die Computer-Freaks. Die Snowboarder kann man gern allein lassen mit ihrem *stalefish* und ihrem *power wing* – der Com-puter-Jargon schließt Millionen älterer Mitbürger von der Kommunikation aus.

Fall 3: Viele *Werber* gehen mit englischen Vokabeln auf Kundenfang. Das kann gelingen: vermutlich bei der *Well-ness*; auch beim *Anti-Aging*, wo ein interessiertes Gewerbe die uralten Salben, Pillen und Behandlungen mit einem Hauch von Hollywood versieht. Und wer für die finnische Stock-Industrie warb, war mit dem Einfall *Nordic Walking* gut beraten: Ist das Walking schon des Müllers Lust – das Nordic Walking soll ihn in Ekstase versetzen.

Fall 4: Aus derselben Absicht folgt zuweilen die Bla-mage. In einem nie angefochtenen Test von 2003 wurde dokumentiert, dass man mit ungebremster Anglomanie Millionen Euro verpulvern kann: Zwölf englische Werbe-sprüche wurden von denen, auf die sie zielten, zu 40 bis 90 Prozent überhaupt nicht verstanden und von den ande-ren zum Teil grotesk fehlübersetzt – so bei Loewe: *Stimu-late your senses* hieß für 75 Prozent der Befragten nichts, für die anderen aber zum Teil «Stimuliere deine Sense» oder

«Befriedige dich selbst». Die Werber hatten ein simples Faktum ignoriert: Englisch können nach eigenen Angaben nur 40 Prozent der Deutschen, und das heißt überwiegend: Schul-, Touristen- und Disco-Englisch, weit entfernt von fließender Rede und einem Ohr für Feinheiten.

Fall 5: Deutsche Unternehmen zwängen ihre deutschen Mitarbeiter in ein englisches Korsett. Dass die Personalabteilung *Human Resources Department* heißen soll, ist ja schon Alltag. Die Deutsche Post in ihrem Bonner *Post Tower* hat sämtliche Abteilungen englisch benannt, *Content Management Code System Administration* zum Beispiel. International tätige Firmen wie Siemens behaupten, auch in Deutschland sei das meiste englisch zu benennen – aber zum Desaster des Kunstkonzerns DaimlerChrysler trug nach einer verbreiteten Meinung bei, dass die Konzernsprache Englisch alle deutschen Mitarbeiter daran gehindert habe, mit der schlechter beherrschten Sprache ihre zum Teil besseren Ideen durchzusetzen.

Fall 6: Eine Katastrophe ist der Siegeszug des Englischen für die Zukunft der deutschen Wissenschaft. Selbstverständlich muss jeder Forscher seine Ergebnisse *auch* in englischer Sprache präsentieren. Die zunehmende Abschaffung des Deutschen sogar im internen Wissenschaftsbetrieb jedoch bedeute, dass das Deutsche seine «Wissenschaftstauglichkeit» vollends zu verlieren drohe, sagt der «Arbeitskreis Deutsch als Wissenschaftssprache»; und die Deutsche Akademie für Sprache und Dichtung warnt vor den Folgen eines «Schwund-Englisch» für die deutsche Kultur.

Hat doch die «Deutsche Forschungsgemeinschaft» einen *Exzellenzcluster* eingerichtet (ihr interner Sprachgebrauch ist ein überwiegend lausiges Englisch). Was heißt *cluster*?

Anhäufung, Menge, Büschel, aber auch: Bienenschwarm;
in der Astronomie: Sternhaufen; in der Medizin: Zell-
wucherung; beim Militär: die Ordensspange – mit zusätzlichen Bedeutungen in der Informatik, in der Musik,
der Physik, der Raumfahrt und der Sprachwissenschaft.
«Cluster» statt zwanzig deutscher Wörter – einen dümme-
ren Import hätte man kaum heranschaffen können.

Misstrauen also kann nicht schaden, Prüfen und Sortieren ist bei Anglizismen Pflicht. Wer einen englischen Slo-
gan nicht verstanden hat, bei dem hat die Werbung ja nicht
nur ihre Chance verspielt – sie hat in Massen Sympathie
verscherzt. Sind nicht auch die populärsten Werbesprüche
von jeher die deutschen? «Mach mal Pause», «Nichts ist
unmöglich», «Geiz ist geil»!

Mit scheinbar deutschen Wörtern kann man das Englische auch nachäffen. Da das Gewitter *thunderstorm* heißt,
wurden deutsche Journalisten von der Einsicht überwäl-
tigt, dass Gewitter meist mit Sturm einhergehen; das jahr-
tausendealte «Gewitter» genügte ihnen nicht mehr, und so
haben sie den *Gewittersturm* ins Herz geschlossen. Ist das
«railway-network» ein Eisenbahn-*Netzwerk* oder vielleicht
doch eher ein Netz? Aber das Netz liegt im Sterben.

Gewiss: Nur noch eine ziemlich kleine Minderheit hört
aus solchen Entgleisungen die lächerliche Anbiederung
ans Englische heraus. Aber es ist ja eine interessante, oft
meinungsbildende Minderheit – und da die Mehrheit
überhaupt nichts gegen das gute alte «Gewitter» einzu-
wenden hat, könnte man es ruhig weiter in deutscher
Sprache donnern und stürmen lassen.

Fazit: Kein Wort ist allein deshalb *schlecht*, weil es aus
einer fremden Sprache kommt. *Gut* aber ebenso wenig.
Wer das Umfeld der allgemein bekannten und akzeptier-

ten Anglizismen verlassen will, denke dreimal nach: Er könnte auf Unverständnis stoßen oder Antipathie produzieren. In jedem Grenzfall hat das deutsche Wort die Verständlichkeit auf seiner Seite, oft schon die Überraschung, immer die Kraft.

14
Eierkuchen, Leierkasten

«Gedanken sind nicht stets parat – man schreibt auch, wenn man keine hat.» Das ist von Wilhelm Busch und könnte als Motto über vielem stehen, was da so geschrieben wird an Mails, Blogs, Tagebüchern, Pressemitteilungen und Leitartikeln auch.

Für das Schreiben ohne Gedanken bietet sich nichts so sehr an wie unser großer, hundertfältig umgewälzter Vorrat an Modewörtern und eingerasteten Redensarten (die schon unter 5) – und nichts ist für einen, der gelesen werden möchte, wichtiger, als sich ebendiese zu verbieten.

146 solcher Sprachklischees hat eine der größten deutschen PR-Agenturen auf ihre schwarze Liste gesetzt, und der Laie kann nur staunen, was da alles als unerwünscht gebrandmarkt wird: das kühle Nass, die Blechlawine und das Ende der Fahnenstange; verpönt ist es ebenso, den Gürtel enger zu schnallen und das Tanzbein zu schwingen, und nichts, gar nichts darf wie Blei in den Regalen liegen oder wie ein Kartenhaus zusammenfallen.

In den «Textstandards» von *Spiegel Online* ist es «verboten», das Handtuch zu werfen, ins Wespennest zu stechen, ins Fettnäpfchen zu treten, aus dem Nähkästchen zu plaudern, aus allen Wolken zu fallen und noch mehr. Verboten sind also in beiden Fällen so ziemlich alle Floskeln, die dem Durchschnittsschreiber als erste in den Sinn kommen.

Das ist absolut professionell gedacht, es entspricht einer Grundeinsicht der Verständlichkeitsforschung: *Mit zunehmender Frequenz nimmt die Ausdrucksstärke ab.* Schon

Schiller und Goethe haben in ihrem gemeinsamen Essay «Über den Dilettantismus» vor «zusammengeplünderten Phrasen und Formeln» gewarnt.

Das allzu Vertraute plätschert vorüber, keine Aufmerksamkeit rastet ein. Wenn die Vorbereitungen *laufen,* so folgt das *auf Hochtouren* mit ebensolcher Sicherheit wie auf die Redensart «Friede, Freude …» der «Eierkuchen»: Alle verstehen es, aber keiner hört zu, kein Bild kann entstehen. Den *Eierkuchen* möchte ich hiermit als Inbegriff des hoffnungslos Ausgenudelten etablieren.

Wer nicht nur für sich selbst schreiben will, sondern auf Leser zielt, auf viele, auf solche, die anbeißen und weiterlesen: Für den ist kaum ein Entschluss wichtiger als der, die Schablonen zu meiden und sie idealerweise durch ungewohnte, unverbrauchte Wörter und Bilder zu ersetzen.

Schon die mäßige Abwandlung einer Redensart zieht Aufmerksamkeit auf sich. Wenn ich jemanden endlich mal nicht zur Kasse *bitte,* sondern ihn zu ihr rufe, hole, schicke, dränge, stoße, zerre, zwinge: Dann wird mir plötzlich zugehört. Wenn ich von Wellen erzähle, die nicht *haushoch,* sondern «hoch wie Häuser» waren: Dann habe ich der Erwartung meiner Hörer oder Leser einen kleinen Stoß versetzt und damit ihre Zuwendung erhöht. Wenn die Ferienhäuser nicht, wie seit Jahrzehnten üblich, *wie die Pilze* aus dem Boden schießen, sondern «wie Pfifferlinge»; wenn ich nicht mit *konstanter Bosheit* auf «Eierkuchen» *jeglicher Couleur* herumtrample: Dann habe ich das Risiko gemindert, dass meine Leser sich durch allzu vertraute Laute in den Schlaf gewiegt, dass sie sich unterfordert fühlen.

Die Krone der verblüffenden Verfremdung hat sich einst der *Tagesspiegel* aufgesetzt. Einen Berliner Politiker, dem seine Gegner nachsagten, er werde verrückt, vertei-

digte das Blatt mit der kostbaren Scheinheiligkeit: «Verrückt ist er nicht – aber die Tassen in seinem Schrank werden weniger.» Gut: Einen so großartigen Einfall zu haben,
bietet sich selten die Gelegenheit. Aber man sollte dergleichen im Hinterkopf parken, als Ideal für alles Schreiben.

Ebendies hat nun aber wenig Chancen auf einem Feld,
auf dem es von besonderem Nutzen wäre: in der sogenann-
ten *Auftragskommunikation*, der Arbeit von Öffentlichkeitsarbeitern, Pressesprechern, Redenschreibern. Sie stehen vor dem gewaltigen Problem: Nirgends sonst wird mit
so vielen «Eierkuchen» so viel Aufmerksamkeit, ja Sympathie vergeudet – aber nirgends sonst ist es auch so schwer,
den Auftraggebern ihre Eierkuchen auszureden. Sie lieben
sie, sie halten sie für unersetzlich, und da könnte ja jeder
kommen.

Daraus folgt: Wer *nicht* im Auftrag schreibt, kann die
folgenden elf Seiten überblättern. Wer aber einen Auftraggeber hat und ihm einen guten Dienst erweisen will, der
studiere sie, munitioniere sich mit den Argumenten und
abschreckenden Beispielen und erwerbe so die Chance,
wenigstens die folgenden dreizehn Eierkuchen auf den
Müll zu kippen. Vielleicht macht ja, sobald sie dort verrot-
tet sind, das Lesen wieder Spaß.

Dreizehn bemooste Textbausteine

> Gestapelt von 1998 bis 2009 in 94 Semina-
> ren mit mehr als 1700 Öffentlichkeits-
> arbeitern, Pressesprechern, Werbetex-
> tern, Redenschreibern aus rund 300
> deutschen, österreichischen und schwei-
> zerischen Unternehmen.

In der internen und externen Kommunikation von Wirt-
schaftsunternehmen deutscher Sprache drängen sich dreizehn *Standardbegriffe* vor, die durch übermäßigen Gebrauch
alle Kraft verloren haben (der «Eierkuchen»-Effekt). **Je seltener sie verwendet werden, desto lesbarer, lebendiger und glaubwürdiger wird jeder Text.** Sie sind von
dreierlei Art:

* Sie wollen etwas benennen – aber was, wird immer weniger klar *(Innovationen)*.
* Sie benennen das Gemeinte missverständlich *(Herausforderungen, Kreativität)* oder objektiv falsch *(Segmente)*.
* Sie benennen nichts: An eine schon vollzogene Aussage
  werden sie modisch angekleistert (so oft die *Aktivitäten*).

Aktivitäten (Business-, Einkaufs-, Sales-, Vertriebs- und
Düngemittelaktivitäten, internationale, sportliche, gärtne-
rische ebenso) – Zwangshandlung von Berufsschreibern,
die viererlei nicht stört:

1. Das Wort ist vollständig verschlissen.
2. Häufig ist es bloß ein geschwätziges Anhängsel: Ge-
   schäft, Vertrieb und Marketing *bersten* notwendig vor
   Aktion, und die «Marketingaktivitäten» sind einfach
   fünf Silben zu viel.
3. Das Wort verdrängt vielsilbig und wichtigtuerisch die
   Aktionen, die fast immer gemeint sind («unser Aktivitä-
   tenplan»).

4. Es verballhornt das Wort *Aktivität*, das ein Singulare-
tantum ist, ein Wort ohne Plural (wie wir ja auch keine
Fleiße, Tatendränge, Passivitäten kennen). 1 Aktivität
kann entweder aus 100 Aktionen bestehen, oder sie benennt das Aktivsein, die Arbeitskraft, Tatkraft, Schaf-
fenslust (und nicht «Schaffenslüste»).

Fokus: Brennpunkt, Schwerpunkt, Mittelpunkt. Meist
korrekt verwendet, jedoch im Übermaß («Im Fokus stehen innovative Lösungen zur Optimierung logistischer Ab-
läufe»).
fokussieren: inflationär benutztes Modewort für *konzentrieren.*
sich fokussieren: modischer Unsinn («Französische Anleger
fokussierten sich auf Geldmarktfonds»). Hier *muss* es «kon-
zentrierten sich» heißen. Eine Selbstfokussierung ist in der
Physik nicht vorgesehen.

Herausforderung heißt zweierlei, was unvermeidlich mit-
schwingt, in der Wirtschaft aber nie gemeint ist: (1) die
Aufforderung, sich zum Kampf zu stellen (im Boxen,
im Duell), (2) die Provokation, die Frechheit, die Brüskie-
rung («das Schicksal herausfordern», «die Herausforderung
durch den Terrorismus»).
Gemeint ist entweder (3) das regierende Modewort für
Aufgabe, Ansporn, Aufruf zur Tat – oder (4) ein etabliertes
Tarnwort für «Problem» (das in vielen Firmen verpönt ist,
obwohl es kaum noch einen gibt, der die Tarnung *nicht*
durchschaut).
Die unsaubere Mischung aus 3 und 4 ergibt das Lieblingswort vieler Redner und sämtlicher Mitarbeiterzeitungen:
«Auch das neue Jahr stellt uns vor große Herausforderungen.» Auf uns wartet also ein schönes Stück Arbeit – wie
wär's? Und «Probleme» sind etwas Herrliches für jeden, der
Lösungen anzubieten hat.

Die Präsidentin des «Verbandes Redenschreiber deutscher Sprache» hat 2007 in der *Süddeutschen Zeitung* alle «Herausforderungen» verspottet: «Vor denen steht doch heute jedes drei Jahre alte Kind.»

Inhalte: 1. festgefressenes Standardwort für alles, was früher der Stoff, die Sache, die Substanz hieß («Lassen Sie uns endlich über Inhalte reden»). 2. Falscher Plural: «Der *Inhalt* dieser sieben Bücher», das ist deutsch – wie auch alle hundert Teilnehmer «mit Hut» erschienen sind. «I went to the British and French embassies»: Das ist korrekt, es sind ja zwei – aber wir sagen unbeeindruckt: «Ich ging zur englischen und zur französischen Botschaft.» Das Deutsche mag den Plural nicht, ja, es verweigert ihn sogar, wo er logisch nötig wäre. Es gibt nur *den Inhalt*, von wie viel auch immer.

Innovation: das Modewort Nr. 1 im deutschen Wirtschaftsjargon. Der gebräuchlichsten Definition zufolge ist die Innovation «eine Erfindung oder Entwicklung, die sich im Markt durchgesetzt hat». Das ist schief: Heute ist die Innovation eine Entwicklung, die sich am Markt durchsetzen *soll* (gegen alle, die sich durchgesetzt *haben*).
Doch auch wer sie so nennt, hat de facto *nichts* gesagt: Kein anderes Wort der deutschen Sprache ist derart ausgelaugt.
Es wimmelt von innovativen Produkten, Technologien, Geschäftsmodellen, Waschmitteln, Kochshow-Rezepten und Methoden der Tierhaltung; von «neuen» Innovationen (wo bleiben die alten?), «zukunftsfähigen» (im Unterschied zu den rückwärtsgewandten?) und «innovativen Neuheiten» (im Unterschied zu den altbackenen).
«Innovativ ist das Gummiwort der neunziger (!) Jahre; man sollte es zehn Jahre lang nicht verwenden.» (*Süddeutsche Zeitung* 2001). «Jenseits der aufgeblasenen Innovations-

behauptungen ist Innovation schwer dingfest zu machen» (*FAZ* 2001). «Unter Werbern gilt der Begriff ‹Innovation› seit mindestens einem Jahrzehnt als Unwort» (*Spiegel Online* 2004).

Wer eine Neuheit als solche kennzeichnen will, hat das mit der ausgeleierten «Innovation» de facto gerade *nicht* getan. Neu, erneuert, verjüngt, verbessert, frisch, modern, der Zukunft zugewandt – auf diesem Wortfeld muss er zu ernten versuchen.

Kreativität: formelhaft verwendetes, gespreiztes, fünfsilbiges Lieblingswort von Wirtschaft und Werbung – mit dem zusätzlichen Nachteil, dass es fast nie das meint, was es besagt: Es heißt *Schöpferkraft* («Creation», englisch ausgesprochen, ist die Erschaffung der Welt). Verwendet wird es aber fast ausnahmslos anstelle der schönen alten *Phantasie*, der Einfälle, der Ideen, der Erfindungsgabe. Ein deutscher Unternehmer 2007 zur *Süddeutschen Zeitung*: «Es mangelt nicht an Kreativität – es wird nur immer schwieriger, gute Ideen auch umzusetzen.» Ebendie Umsetzung wäre die *Kreation* und die Fähigkeit zur Umsetzung die *Kreativität*. Gemeint war also «Phantasie», wie fast immer. «Der ist nicht kreativ» = dem fällt nichts ein.

Palette – ursprünglich: das Schäufelchen; dann vor allem: das Brett mit den Farben und einem Daumenloch für die Hand des Malers. In der Wirtschaft: Modewort, das die Vielfalt eines Angebots anschaulich machen soll. Als Metapher korrekt, aber fast eine Zwangshandlung: Angebote *ohne* Palette kriegt man kaum noch zu lesen.

Portfolio, laut Duden «eigentlich» *portefeuille*, was wiederum eigentlich «Aktenmappe» heißt (das, was die Papiere trägt). In der Politik: der Geschäftsbereich; in der Wirtschaft ursprünglich: der Bestand an Vermögenswerten;

heute mehr und mehr: ein Synonym für das gesamte Angebot eines Unternehmens, die *Angebotspalette.*

Potenzial: die Gesamtheit aller Fähigkeiten und Möglichkeiten. Oft vernünftig, oft missbräuchlich verwendet: «Im
Fokus steht die Fortbildung des Mitarbeiterpotenzials» –
der Mitarbeiter also, die auf diese Weise mit toten Silben
behängt und noch dazu entmenschlicht werden.

Prozess: ein oft zwanghaft verwendetes Anhängsel an
Wörter, die ohnehin unvermeidlich prozesshaft sind: Ent-
wicklungsprozess, Meinungsbildungsprozess, Geschäfts-
prozesse (wenn schon nicht -aktivitäten).

Segment: inflationär *und immer falsch* verwendet. Ein
Segment ist nicht ein Tortenstück (wie der *Sektor*), sondern
ein von außen abgesäbeltes Stück, also eine Verunstaltung
der Torte. Segmente lassen sich nie zu einem Kreis addie-
ren und Firmen sich nie in Segmente gliedern. Gemeint
sind immer *Sektoren* (oder nicht näher definierte Teile eines
Ganzen: «unsere Probleme im Milchsegment»). Die Wirtschaft ist in die falsche Anleihe bei der Geometrie verliebt
bis zum Wahnsinn: Premiumsegment, Kompaktwagen-
segment, das Segment Grill und Barbecue, die Portfolio-
segmentierung, eine neue Accessoire-Linie im Segment
der Metallgestaltung («in der», «bei der» hätte völlig genügt). Ja, statt der Aussage «Frauen sind eine interessante
Zielgruppe» (mit der alles gesagt wäre) muss man lesen:
«Die Zielgruppe Frauen ist ein interessantes Segment.»

Spektrum ist erstens die Gesamtheit der Regenbogenfar-
ben und zweitens eine allzu beliebte Metapher für Vielfalt,
oft synonym für *Palette* verwendet. («Das Themenspektrum
zeigt unsere gesamte Supply Chain.»)

Synergie: das Zusammenwirken; *Synergie-Effekt:* die Vorteile, die sich aus Zusammenarbeit oder Zusammenlegung ergeben sollen. Das Modewort ist in der Öffentlichkeit doppelt diskreditiert durch die Pleite, die beim Zusammenschluss von Daimler und Chrysler statt der versprochenen Synergie-Effekte eingetreten ist, und durch die Drohung mit Massenentlassungen, die die Arbeitnehmer zu Recht aus ihm heraushören.

15
Woran die Zimmerpflanzen sterben

Der schlimmste Feind verständlicher, kraftvoller Wörter ist das Imponiergehabe, der Einschüchterungsjargon – gepflegt von Bürokraten, Wissenschaftlern und in der Wirtschaft vor allem von Marktforschern und Vorstandsassistenten. Für viele von ihnen würde es gegen die Berufsehre verstoßen, sich einer Sprache zu bedienen, die jeder versteht oder die gar den Beifall Luthers hätte finden können.

Sich von solchem Jargon frei zu halten, ja ihn fröhlich zu zertrümmern, wo immer sich eine Chance dafür bietet: Das ist das A und O für jeden, der Leser gewinnen und sie sauber informieren möchte. Wer allerdings in Wissenschaft und Wirtschaft etwas werden will, wird nicht umhinkönnen, sich ebendieses Jargons bis zu einem gewissen Grade zu bedienen.

Deutsche Beamte treiben es gern so: Auf den Abfallkörben an Autobahnparkplätzen warnen sie uns: «Nur Reiseabfälle! Zuwiderhandlungen werden als unerlaubte Sondernutzung zur Anzeige gebracht.» Auf Münchens S-Bahnhöfen soll der Passagier im Brandfall «die Verqualmung unterkriechen» (was immer das bedeuten mag). Die Kultusministerkonferenz hat «die Grundlage für die Bestimmung und Verortung von Schlüsselkompetenzen» definiert. Und in der Baubehörde hat «der Auftraggeber die Erreichbarkeit der zu prüfenden Bereiche zum Begehungszeitraum zu gewährleisten».

«Ein deutscher Beamter», schrieb die *Süddeutsche Zeitung* 2007, «hat die Fähigkeit, jeden gefährlichen oder reizvollen Vorgang in Wörter zu kleiden, deren mehrmalige Verlesung die Zimmerpflanzen zum Verdorren bringen kann.» Wer ist «einer intellektuellen Aufarbeitung seiner psychischen Problematik nicht zugänglich»? Dem amtlichen Gutachten zufolge ein türkischer Gastarbeiter, der wegen angeblicher Depressionen eine Invalidenrente haben möchte.

Begnügt sich der Bürokratenjargon im Allgemeinen damit, geläufige Wörter durch Verunstaltung zu adeln, so bedienen sich die *Wissenschaftler* gern eines abseitigen, abgehobenen Wortschatzes und stopfen ihn in Sätze, die dem Laien deutlich machen: Hier ist ein Hochseilartist der korrekten Grammatik am Werk. So ließ ein Naturwissenschaftler die Leser der *Frankfurter Allgemeinen* 2009 an seinem Wissen mit folgenden Worten teilhaben:

> Dass die Steigerung kognitiver Fähigkeiten und emotionaler Befindlichkeiten durch den zweckentfremdeten Gebrauch von Neuropharmaka oder neuromedizinische Verfahren wie die transkranielle Magnetstimulation – im Fachbegriff «Neuro-Enhancement» – ein allgemeiner Trend ist, *belegen* nicht zuletzt deutlich gestiegene Verschreibungszahlen von Medikamenten wie Prozac oder Ritalin.

Nach einem vorangestellten Nebensatz von 29 Wörtern, *transkraniell* und *Neuro-Enhancement* eingeschlossen, ist bei *belegen* der Hauptsatz erreicht – Pervertierung einer Satzform, die in Rezept 22 gewürdigt wird. Ein Geisteswissenschaftler fühlte sich aufgerufen, über die siebzig Jahre alten Abenteuerfilme von und mit Harry Piel im gleichen Blatt 2009 zu schreiben:

Attraktionen suspendieren den Fortgang der Narration nicht, sie treiben ihn an, besitzen ihre eigene Struktur mit Konflikt, Kampf und Lösung. Die Narration wiederum verleiht den Attraktionen erst Sinn. Piel setzt ebenso auf narrative Prinzipien der Kausalität und Kontinuität, wie er faszinierende Schauwerte von illusionärer Kraft präsentiert. So bleiben die Attraktionen bisweilen ästhetischer Surplus, irrationale Energie, wo die Erfahrung nicht aufgeht im Dekodieren der Zeichen.

Hätten doch Harry Piels Bewunderer das damals gewusst!

Aus dem akademischen Umfeld kommen auch jene Marketing-Strategen, die in Power-Point-Präsentationen auf «Markentonalitäten» verweisen und «Zahlen zu den Einsparpotenzialen der quantitativen Maßnahmen bei Kosten und Mitarbeiteräquivalenten» vorlegen. Den Mitarbeitern teilen sie mit:

Um konzernweit eine stärkere Komplexitätsreduzierung und mehr einheitliche Dokumentationssicherung zu erreichen, wurde im ECP gemeinsam entschieden, dass der gesamte Einkauf ab Januar 2009 auf dieses Online-Tool von Corporate Compliance umstellt.

Den Mitarbeitern! Wie man in der Kantine so spricht. Warum schreiben Angestellte so? Warum nerven sie Vorgesetzte und Kollegen mit «plattformbezogenen Serviceleistungen» und «transaktionsorientierter Kundenzufriedenheit»? Warum agieren sie «im Rahmen der Nachweisführung für die Implementierung des Produkthaftungsgesetzes»? Warum plädieren sie dafür, «innovative Freiräume der Kommunikation zu ermöglichen und damit integrierte Steuerungssysteme zu funktionalisieren»?

Man darf vermuten, dass sie Angst haben. Angst, von Vorgesetzten oder Kollegen nicht für wichtig genug genommen zu werden, wenn sie den Jargon nicht beherrschen, und Angst vor allem, in schlichten Worten würde die Dürftigkeit ihrer Aussage offenkundig werden. Darf man schätzen? Zum Beispiel, dass dreißig Prozent der Arbeitszeit eines Verfassers von konzerninternen Texten von der Suche nach pompösen Floskeln aufgezehrt werden – und zehn Prozent der Zeit des Empfängers von dem Versuch, den Bombast auf den bescheidenen Inhalt zu reduzieren. Effiziente Kommunikation wäre das äußerste Gegenteil.

Selbstgenügsam, ja liebevoll verweilen solche Schreiber unter der Käseglocke des selbsterfundenen Jargons. So kann man vielleicht in der Betriebshierarchie Prestige gewinnen – aber um den Preis, die meisten Leser zu verhohnepipeln und die Sprache zu versaubeuteln.

ZWISCHENBILANZ (2)

Welche Wörter sollte jeder wählen, der den einen Leser für sich einnehmen möchte oder sich viele Leser wünscht? Konkrete, knackige, möglichst kurze; und in jedem Grenzfall die schlichtesten – nach Schopenhauers schönem Satz: «Man gebrauche gewöhnliche Worte und sage ungewöhnliche Dinge.»

Verben sind die stärksten Wörter, *Adjektive* die schwächsten. *Synonyme* soll man für die Nebensachen wählen – für die Hauptsachen nie. *Sprachtabus* schaffen Probleme, die jeder selber lösen muss.

Anglizismen gibt es gute und schlechte – sortieren erwünscht. Mit *Modewörtern*, zumal mit ausgeleierten Fachausdrücken, erzielt man eine Wirkung nahe null. Der größte Feind einer klaren, leserfreundlichen Sprache ist der *akademisch-bürokratische Jargon*.

Nun auf zu den Sätzen! In ihnen können auch die schönsten Wörter untergehen.

Der schlanke Satz

16
Phrasen-Leimer am Werk

Hauptsätze regieren die Welt. «Am Anfang schuf Gott Himmel und Erde. Und die Erde war wüst und leer, und es war finster auf der Tiefe, und der Geist Gottes schwebte auf dem Wasser. Und Gott sprach: Es werde Licht. Und es ward Licht. Und Gott sah, *dass das Licht gut war.*»

Da hatte er gerade den Nebensatz erschaffen. Er unterbrach sein Werk, um sich kurz dem Schauen hinzugeben – und er lehrte uns zugleich: Für Hauptsachen, Handlungen, Schöpfungsakte ist allein der Hauptsatz da; der Nebensatz bietet sich an für Betrachtungen und Erläuterungen und für sonst nichts.

Die Grammatik unterscheidet bei den Nebensätzen Relativsätze, Gliedsätze, Konjunktionalsätze und etliche mehr; für die Verständlichkeit eines Satzes ebenso wie für seine Eleganz kommt es allein auf die Platzierung an.

- *Folgt* der Nebensatz dem Hauptsatz? «Wir brachen auf, als der Nebel sich lichtete»: Dann heißt er Nachsatz oder *angehängter Nebensatz* – die bei weitem häufigste und die überwiegend empfehlenswerte Form.
- Steht er *vor* dem Hauptsatz? «Als der Nebel sich lichtete, brachen wir auf»: Dann heißt er Vorsatz oder *vorangestellter Nebensatz.*

• Steht er *mitten* im Hauptsatz? «Wir brachen, als der Nebel sich lichtete, auf» – dann heißt er Zwischensatz oder *eingeschobener Nebensatz* und ist (wie man beim lauten Lesen hört) eine Missgeburt.

Jeder eingeschobene Nebensatz, auch der kürzeste, zerstört den natürlichen Erzählfluss, er stellt die Reihenfolge A 1 – B – A 2 her, er fällt sich selbst ins Wort: «Heute sind die Inhaber, die erst vor einem Jahr jeder zehn Millionen investiert hatten, zerstritten.» Ich könnte also mitteilen, was die Inhaber heute *sind*; aber ehe ich das tue, sage ich mittendrin, was sie früher waren. *So erzählt man nicht.* Ein solcher Satz ist ein schriftliches Konstrukt, und in der Tat sind eingeschobene Nebensätze (in geschriebenen Texten ohnehin die seltensten) in Tonbandprotokollen mündlicher Rede statistisch gar nicht nachzuweisen.

Schopenhauer hat oft sehr lange Sätze geschrieben, eingezwängte Nebensätze aber strikt vermieden und dazu die schöne Formel geprägt: «Da der Mensch nicht zwei Gedanken auf einmal denken kann, soll man ihm auch *nicht eine Phrase in die andere leimen.*» Wer zweierlei weiß, für den gibt es eine Abfolge von unübertrefflicher Schlüssigkeit: Er erzählt erst das Erste, und wenn er damit fertig ist, lässt er das Zweite folgen: «Erst vor einem Jahr hatte jeder zehn Millionen investiert – und nun sind sie zerstritten.»

Das Übel der Einschübe lässt sich steigern, wenn man sie dazu missbraucht, eine Zusatzinformation in den Hauptsatz zu quetschen, die mit dieser absolut nichts zu tun hat – wie 2009 im *Tagesspiegel*: «Mittlerweile steht der Name Wiedeking, *der verheiratet ist und zwei Kinder hat,* stellvertretend für die Dauerfehde mit VW-Patriarch Piëch.» Da wollte der Schreiber ein bisschen Biographie unterbringen, hängte sie an der dümmstmöglichen Stelle in den Text – und nahm in Kauf, dass gerade die Minderheit der aufmerksamen Leser sich vor der Frage sah: Wäre es bei vier Kindern vielleicht *keine* Dauerfehde geworden?

Eine andere Steigerung des Missbrauchs sind Einschübe von dreißig, vierzig Wörtern, sodass man, endlich zum Hauptsatz zurückgekehrt, dessen erste Hälfte unmöglich noch in Erinnerung haben kann (traurige Beispiele *täglich* in unseren großen Zeitungen); und Einschübe mit Untereinschüben – Girlanden, die an Girlanden baumeln:

> Auch für Personen,
>> die über Eigenkapital verfügen,
>>> es aber nicht komplett in die
>>> Baufinanzierung stecken wollen,
>>>> um finanziellen Spielraum für Urlaub
>>>> und Konsumwünsche zu haben,
> ist eine Vollfinanzierung sinnvoll.

Nach 22 Wörtern, auf drei Kelleretagen verteilt, kehrt der Autor gnadenhalber ins Erdgeschoss zurück. Nur Deutschlehrer sind mit dergleichen zufrieden: Denn die Grammatik stimmt. Und das ist, wie man sieht, zu wenig.

Hätte der Schreiber nur ein bisschen an die Leser gedacht, die er doch vermutlich haben wollte – mit einer überaus simplen Umstellung hätte er sie bedienen können: «Die Vollfinanzierung ist auch für solche Personen sinnvoll, die ...» Nun stünden die Nebensätze hinten, wo sie sowieso am besten stehen; freilich auch dort mit ein paar Tücken.

17
Der schöne Nebensatz

Tendenziell ist der *angehängte* Nebensatz das zweitbeste Satzgebilde, nächst dem Hauptsatz. Doch bevor wir ihn loben, müssen wir ein paar Ausnahmen abhaken.

1. Wie alle Nebensätze darf auch der angehängte *niemals eine Handlung* tragen. «Am Montag bezog er das Haus, das schon drei Tage später abbrannte» wäre grotesk. Ein Nebensatz zum Haus dürfte nur eine Erläuterung sein: «Am Montag bezog er das Haus, auf das er zehn Jahre hingespart hatte – *und drei Tage später brannte es ab.*»

2. Der angehängte Nebensatz sollte *keine zweite Hauptsache* transportieren. «Der Mensch liegt überall in Ketten, obwohl er frei geboren ist» – so hat Rousseau den Gesellschaftsvertrag nicht begonnen, er hat die Paarigkeit der Aussage anschaulich gemacht, also die andere Hauptsache ebenfalls zum Hauptsatz erhoben, wie es sich gehört: «Der Mensch ist frei geboren, und überall liegt er in Ketten.»

3. Schon gar nicht sollte *die einzige Hauptsache* in den Nebensatz geschoben werden. Die beliebte Satzkonstruktion «Er betonte, dass ...», «Er ging davon aus, dass ...» degradiert einen kurzen Hauptsatz zur bloßen Formalie und drückt die Aussage in einen (oft fünf- oder zehnmal so langen) Nebensatz. Verkehrte Welt! Einfacher Ausweg: «Er betonte: ...» (und nun die Hauptsache) oder *nach* ihr («..., betonte er»).

4. Und nie sollte der angehängte Nebensatz durch nochmals angehängte oder in ihn eingeschobene *Unternebensätze* verlängert oder verschachtelt werden.

Nun zum Lob. Der Nebensatz, sinnvoll angehängt, schafft Abwechslung: zum einen im *Rhythmus* der Information, indem die Handlung nicht permanent vorangetrieben, sondern dann und wann durch eine Erläuterung leicht verzögert wird; zum anderen in der *Sprachmelodie* durch den steigenden Ton mitten im Satz (und auch bei stummem Lesen «hören» wir das, Rezept 24). Daraus folgt als Faustregel: Jeder dritte Hauptsatz könnte/sollte mit einem angehängten Nebensatz ausklingen.

Natürlich vermag der Nebensatz, mit Kraft gesetzt und mit Musik versehen, noch viel mehr – wenn man sich traut, in Höhen vorzustoßen wie Schiller:

> Der Mensch ist noch sehr wenig, wenn er warm wohnt und sich sattgegessen hat; aber er muss warm wohnen und satt zu essen haben, wenn sich die bessere Natur in ihm regen soll.

Und dann sind da die zwei Fälle, in denen ein *missratener* Hauptsatz skelettiert und zur Hälfte in einen angehängten Nebensatz verwandelt werden sollte.

Der eine ist der *Nominalstil* (schon in Rezept **9** angeprangert): die Neigung zumal der Bürokratie, Verben durch hässliche, erkünstelte Substantive zu verdrängen, vor allem solche auf -ung, -heit, -keit:

> Folglich stiegen die Hoffn**ung**en, dass die Bewältig**ung** der kommenden Herausforder**ung**en und die Anpass**ung** der Wirtschaftsordn**ung** an die veränderten Rahmenbeding**ung**en des globalen Wettbewerbs gelingen würden. (6-mal -ung)

Und man könnte doch schreiben:

> Folglich stieg die Hoffnung, dass es gelingen würde, die kommenden Probleme zu lösen und die Wirtschaft den veränderten Bedingungen des globalen Wettbewerbs anzupassen. (2-mal -ung)

Die andere Einladung, verknotete Hauptsätze durch angehängte Nebensätze zu entlasten, geht von den *vorangestellten Attributen* aus – der hässlichsten Form einer korrekt angewendeten Grammatik. Zwischen den Artikel und das Substantiv dürfen wir ja nicht nur Adjektive stellen (das hübsche Kleid), sondern Wörter aller Gattungen in beliebiger Menge: Das *zwar noch hübsche, aber doch schon etwas altmodisch wirkende* Kleid (9 vorangestellte Attribute). Auch das Doppelte gehört im Wirtschaftsdeutsch zum Alltag:

> *Ein* schleichender, von den Nutzern typischerweise durch Aussagen wie «Das ist so langsam» oder «Die Zahlen taugen nichts» kommunizierter *Qualitätsverlust* …

Da soll der Leser 18 Wörter im Kurzzeitgedächtnis speichern, um sie, endlich beim «Qualitätsverlust» angelangt, im Rückwärtsgang mit Sinn zu erfüllen! Das aber kann kein Mensch (6 Wörter sind die Grenze, Rezept **20** wird es anschaulich machen). Und wie leicht ließe sich ein zumutbarer Satz herstellen: «Dies wäre ein Qualitätsverlust, der …»

Auch unseren großen Zeitungen ist da nicht bange. *Bei einer,* las man in der *FAZ* – bei was für einer? Die Aufklärung folgte 34 vorangestellte Attribute später:

Bei *einer* von vielen evangelischen Gruppen getragenen und von den Bischöfinnen Margot Käßmann und Bärbel Wartenberg-Potter, Bischof Ulrich Fischer, den Kirchenpräsidenten Eberhard Cherdron und Peter Steinacker sowie der Kirchenleitung der Evangelischen Kirche im Rheinland geförderten *Bibelübersetzung* ...

Gut zu wissen! Dreister an der Nase herumführen kann man Leser nicht. Und es ging doch nur um eine Bibelübersetzung, die ...

So lassen sich missratenen Hauptsätzen mit einem angehängten Nebensatz die Zähne ziehen. Den Hauptsätzen – den besten Sätzen, wenn sie gut sind – wenden wir uns nunmehr zu. Nicht ohne uns vom Nebensatz mit einem der elegantesten Satzgebilde deutscher Sprache zu verabschieden: «Ich erschrecke, wenn ich höre, dass du mich liebst, und wenn ich es nicht hören sollte, wollte ich sterben.» Kafka schrieb es, an Felice.

18
Im Hauptsatz ist die Kraft

Dass der Gott des Alten Testaments erst nach sieben Hauptsätzen den Nebensatz erschuf, wie in Rezept **16** nachzulesen: Das spiegelt vermutlich die Sprachgeschichte wider. Als aus dem gestammelten «Fuß gebrochen» zum ersten Mal ein kompletter Satz geworden war, kann es nur ein Hauptsatz gewesen sein: «Ich habe mir den Fuß gebrochen», und jedes «als» oder «weil» oder «sodass» hat vermutlich noch Jahrtausende auf sich warten lassen. Bis heute ist die archaische Kraft den Hauptsätzen treu geblieben – wenn sie gut sind.

«Eigentum verpflichtet» heißt der kürzeste Satz des deutschen Grundgesetzes (Artikel 14,2) – sein erster: «Die Würde des Menschen ist unantastbar.» Und kein Satz ist im deutschen Sprachraum so rasch so populär geworden wie der, den pazifistische Studenten beim Golfkrieg von 1991 aus Bert Brechts Gedichten angelten: «Stell dir vor, es ist Krieg, und keiner geht hin.» Drei Hauptsätze, nur drei-drei-vier Wörter lang, neun von diesen einsilbig – mehr Wirkung lässt sich mit weniger Aufwand nicht erzielen; und niemand käme auf die Idee, daraus ein Satzgebilde zu machen wie «Man stelle sich vor, dass Krieg wäre und keiner hinginge».

Hauptsätze sind die erste Wahl. Jeder Schreiber versuche, zuallererst sie zu nutzen; dabei den Nominalstil zu vermeiden und die vorangestellten Attribute, von denen das vorige Rezept dringend abgeraten hat; und auch noch jene Klippen zu umschiffen, vor denen die folgenden Rezepte warnen.

Hier ein paar klassische Beispiele, zur Ermutigung – und als Argumentationshilfe gegen jene vielen Deutschlehrer und Literaten, die eine Reihung von Hauptsätzen (griechisch *Parataxe*) für allzu simple Prosa halten; sie schwärmen von der *Hypotaxe*, dem mehrstufigen, mit Nebensätzen gespickten Satzgefüge.

Ja, aus ihr kann großartige Prosa entstehen, die von Kleist zum Beispiel, und für klug angehängte Nebensätze hat das vorige Rezept ausdrücklich plädiert. Die meisten Wissenschaftler und viele Berufsschreiber aber lieben es, ihre kargen Hauptsätze in Nebensätzen zu ersäufen, und gegen sie richtet sich diese Kriegserklärung.

Zwei Hauptsätze hintereinander: «Die Dividenden steigen, und die Proletarier fallen» (Rosa Luxemburg 1915 gegen die Geschäfte der Rüstungsindustrie). Drei Hauptsätze hintereinander bei Heine:

Freundschaft, Liebe, Stein der Weisen –
Diese dreie hört' ich preisen,
Und ich pries und suchte sie,
Aber ach! Ich fand sie nie.

Drei Hauptsätze im Buch Hiob: «Der Herr hat's gegeben, der Herr hat's genommen; der Name des Herrn sei gelobt!» Drei zum Abschied der Berliner SPD von ihren Ostberliner Parteifreunden, als im August 1961 die Mauer errichtet worden war: «Wir danken allen. Wir vergessen keinen. Wir vergessen nichts.» In vier Hauptsätze drängte Mahatma Gandhi zusammen, wie er die englischen Herren in Indien mit passivem Widerstand überwand: «Zuerst ignorieren sie dich. Dann lachen sie dich aus. Dann bekämpfen sie dich. Dann hast du gewonnen.»

Tempo lässt sich in den Hauptsatz bringen, wenn man einer Person mehrere Handlungen zuschreibt (das Subjekt mit mehreren Prädikaten versieht). Drei Prädikate einst im *Spiegel*, als er über den Selbstmord eines ehemaligen Bundeswehrgenerals berichtete: «Bastian galt als von Moskau bezahlt, von der DDR gelenkt und von allen guten Geistern verlassen.» Fünf Prädikate in der Zeitschrift *Biografie* über Friedrich den Großen in seinen letzten Lebensjahren: «Er traute keinem, wusste alles besser, schurigelte seine Minister, beleidigte die Hofdamen und prügelte die Domestiken.»

«Es gibt nichts Gutes», sprach Erich Kästner – «außer man tut es.» Zwei schöne Hauptsätze, zur Beherzigung empfohlen und zur Nachahmung auch.

19
Nach 6 Wörtern: Sense!

Wenn doch die Deutschen das Verb so weit nach vorn
zögen, «that one it without a telescope discover can»,
spottete Mark Twain – in ebenjener Wortstellung, die
deutschlernende Ausländer zum Kopfschütteln und Simultandolmetscher oft zur Verzweiflung treibt, und Leser
der deutschen Muttersprache entmutigt sie auch.

Besteht ein Tätigkeitswort aus zwei Teilen (ich habe ...
gemacht, ich werde ... kommen, ich möchte ... schlafen;
oft auch schon im Präsens: ich erkenne ... an, mir fällt ...
auf), so dürfen wir von der Grammatik her *beliebig viele*
Wörter dazwischenklemmen – von der Verstehbarkeit her
aber nur 6 (Erklärung folgt).

Für dieses sogenannte *Umklammerungsgesetz der deutschen Syntax* wählt die Duden-Grammatik das schlichte
Beispiel: «Peter *hat* seinem Vater im Garten *geholfen*» –
schon kurios für die meisten Ausländer: Englisch, fran-
zösisch, spanisch und in fast allen Sprachen der Welt heißt
es natürlich «Peter *hat geholfen*» (und nun erst die näheren
Umstände) «seinem Vater im Garten». Im Deutschen aber
stellt erst das letzte Wort den Sinn des Satzes her.

Kein Problem bei den 4 Wörtern des Duden-Beispiels;
auch «... seinem Vater *bei Regen* im Garten geholfen»
könnten wir noch ertragen, 6 Wörter also in der Verb-
Klammer. Aber wie ist es mit 50 (in Worten: fünfzig)? Wie
unter dem Stichwort «Heimat» in Band 12 der Brockhaus-
Enzyklopädie von 2006:

Inzwischen **stellen** regionale Bezüge bzw. ein entsprechend zu lokalen Zugehörigkeiten und Erfahrungen getönter Hintergrund sowohl im Bereich der Deutschland insgesamt repräsentierenden Literatur *(es folgt eine Klammer mit 7 Eigennamen)* als auch in spezifisch regionalen Literaturen (Mundartdichter, rheinische, westfälische, schwäbische, brandenburgische, sächsische Künstler usw.) auch in der neuen Bundesrepublik Deutschland eine zentrale Dimension **dar**, zumal ... *(es folgen noch 25 Wörter vor dem Punkt)*.

50 Wörter! Eine Pirouette des Irrsinns auf dem Hochseil der völlig korrekten Grammatik, eine von Germanisten oder Soziologen produzierte und von einer Chefredaktion abgesegnete Unverschämtheit gegenüber Käufern und Lesern.

Wie reagieren Leser auf solche Satzgebilde? Ungebildete (und gebildete, aber typische, also flüchtige) verstehen fast nichts. Sie nehmen das entweder in Kauf, in der halbbewussten Hoffnung, dass der nächste Satz sie besser bedient (1), oder zum Anlass, auf die weitere Lektüre zu verzichten (2).

Gebildete und interessierte Leser spüren, dass sie sich anstrengen müssen, wenn sie alles verstehen wollen; und entweder verzichten sie daraufhin auf das volle Verständnis (3), oder sie muten sich eine Zweit-, eine Drittlektüre zu (4). In den Fällen 1 bis 3 hat der Schreiber seinen Kommunikationszweck klar verfehlt, im Fall 4 eine effiziente Kommunikation verhindert und Antipathie erzeugt.

Aber konnten die Brockhaus-Leser bei «stellen» nicht schon *vermuten*, dass irgendwann das «dar» darauf folgen würde? Ja, das konnten sie. Durfte der Schreiber sich damit zufriedengeben? Um Gottes willen: Nein, das durfte er nicht! Und zwar aus zwei Gründen.

Erstens ist es ein Ausdruck von Hochmut gegenüber dem Leser, ihn 50 Wörter lang mit seinen Vermutungen alleinzulassen. Sätze sind nicht dazu da, ihre Leser nach langer Fahrt durch eine Nebelsuppe in ihren Vermutungen zu enttäuschen oder zu bestätigen – ein Satz hat zu *sagen*, was er sagen will.

Zweitens aber kann die Katastrophe eintreten, dass die Vermutung falsch ist. Im Deutschen gibt es zwei Dutzend Verben, deren erste Hälfte schon eine vollständige Aussage enthält; auf eine zweite Hälfte hat also keiner gewartet, und wenn sie kommt, kann sie den Sinn völlig umdrehen. «Die Schüler *schlugen* Peter» (grün und blau?; nein:) «zum Klassensprecher *vor.*» Oder: «Meine Frau *trat* nach mir» (eine schöne Ehe!) «ebenfalls aus der SPD *aus.*» (Er fiel – er fiel *auf*; er sagte – sagte *zu* – sagte *ab* – sagte *aus.*)

Die 50 Wörter in dem schönen Satz sind das Achtfache des Zumutbaren – von 6 Wörtern nämlich. Wie kommt dieses Maß zustande? In den achtziger Jahren haben verschiedene deutsche und amerikanische Institute fast gleichzeitig ein physiologisches und psychologisches Grundgesetz entdeckt: Die Gegenwart ist für uns weder eine gerade Linie noch ein wandernder Punkt – sie findet in Zeitfenstern von zwei bis drei Sekunden statt. Ein Fenster ist das, was wir als Einheit, als lebendige Gegenwart empfinden, was unser Kurzzeitgedächtnis mühelos überbrücken und zusammenbinden kann.

Beispiele: Die Lektüre fast aller Gedichtzeilen in allen Kultursprachen dauert, laut oder leise, zwei bis drei Sekunden; die Dichter haben also instinktiv gespürt: Dieser Rahmen ist zumutbar und angenehm. Die berühmten Schlachtrufe der Weltgeschichte schreien sich in zwei bis drei Sekunden heraus («Proletarier aller Länder, vereinigt euch!»). Zwei bis drei Sekunden dauert ein normaler Händedruck: Entzieht mir der andere seine Hand nach weniger als zwei Sekunden, so bin ich irritiert (habe ich klebrige Hände?; Kann er mich nicht leiden?); schüttelt er sie mir aber länger als drei Sekunden, so empfinde ich das als zudringlich, oder ich suche nach einer Fernsehkamera.

Auf den Bau von Sätzen angewandt, führt das zu zwei Fragen: Was im Satz hängt so eng zusammen, dass ich es höchstens um drei Sekunden auseinanderreißen darf? Die Teile eines Verbums, ganz klar (später noch mehr). Und wie viel liest der Durchschnittsleser in drei Sekunden? 6 Wörter – 12 Silben.

Ja, das ist ein grober Mittelwert. Zielt mein Text auf einen einzigen Leser, bei dem ich starkes Interesse voraussetzen kann, so darf ich dieses Limit überschreiten. Die meisten Texte aber sind nur mäßig interessant und versuchen die Aufmerksamkeit von vielen, meist mäßig interessierten, oft mäßig gebildeten Lesern zu gewinnen – und da sind die 6 Wörter ein ehernes Gesetz. Auch dass 6 Wörter 12 Silben hätten, ist nur ein Durchschnittswert; der *Haupthistokompatibilitätskomplex* (im Brockhaus unter «Liebe») hat 11 Silben, und wo solche Begriffe sich häufen, sollte die Obergrenze der 6 Wörter *unter*schritten werden.

Der Brockhaus-Autor hatte von diesem Gesetz vermutlich keine Ahnung, sowenig wie die meisten Berufsschreiber. Eine andere Ahnung aber hätte er haben müssen: «Ziemlich kompliziert ist es schon, was ich den Lesern zumute, die ich doch gern hätte.» Oder wollte er gar keine? Oder meinte er, sie würden's trotzdem lesen? Oder zweimal lesen, am besten mit eckigen und spitzen Klammern zur Herstellung von Übersicht? Friss und lies, Empfänger! So oder so: Der Kommunikationszweck war total verfehlt, die Kosten für Arbeit, Druck und Papier zum Fenster hinausgeworfen.

Was folgt daraus für den Schreiber, der erstens Leser finden und sie zweitens *nicht* ohrfeigen möchte? Wenn er die erste Hälfte eines zweiteiligen Verbums hingeschrieben hat, läuten bei ihm die Alarmglocken: nur noch für 6 Wörter Platz! Darauf richtet er die weitere Planung des Satzes ein, ohne Kompromiss. Hat er aber zunächst grob verstoßen gegen dieses Grundgesetz des lesbaren, zumutbaren Deutsch, so baut er den Satz um, falls die Zeit reicht – ohne Erbarmen.

Es gibt ja ein paar bewährte Rezepte, die ihm dabei helfen. Im Brockhaus-Beispiel: Wer sich an Rezept **9** erinnert, der weiß, dass das schlichtere Verb ohnehin das bessere ist, und so braucht er statt des «darstellens» nur zu schreiben: «Inzwischen *sind* regionale Bezüge ...», und schon wäre das Monstrum kastriert.

Bei einer *Aufzählung* kann und soll man die sinnstiftende zweite Hälfte des Verbums sowieso nach dem ersten Posten einschieben: «Sie hatten sich über den Preis *geeinigt*, über die Termine, die Konventionalstrafe ...» Und was nicht unbedingt zwischen den Teilen des Verbums stehen muss, das gliedere man aus: durch ein «und zwar», ein «nämlich», ein «außerdem» *hinter* dem zweiten Teil des Verbs oder durch einen angehängten Nebensatz:

Also nicht: Dem Fachausschuss *sollte* bis zum 18. Juni ein Vorschlag für ein Stufenkonzept zum Aufbau einer Notrufzentrale einschließlich der hierfür erforderlichen Zeitspanne *unterbreitet werden* (18 Wörter).
Sondern: Dem Ausschuss *sollte* bis zum 18. Juni ein Vorschlag *unterbreitet werden, wie* der Aufbau ... vollzogen werden kann.

Ein klares Gesetz – die Einsicht, dass es eminent plausibel ist – und die Disziplin, es zu befolgen: Wirksamer kann man den Lesern, die man haben möchte, nicht entgegen-kommen.

20
Der Atem bringt's

Wer tut was? Das ist der Kern jedes Satzes, und frühzeitig im Satz muss diese Kernfrage beantwortet werden. (*Wer:* das Subjekt, der Satzgegenstand – *was:* das Prädikat, die Satzaussage). Man staunt über die Ahnungslosigkeit oder die Gleichgültigkeit, mit der in schriftlichen Texten aller Art über dieses elementare Gesetz hinweggehudelt wird – beim *Radio Berlin-Brandenburg* zum Beispiel so:

> Auch *Moderatorinnen* und Moderatoren wie Sandra Maischberger, Anne Will, Frank Plasberg und Tom Buhrow sowie der ARD-Vorsitzende Fritz Raff und zahlreiche weitere Programmverantwortliche der ARD *kamen* gestern Abend ins ARD-Hauptstadtstudio.

Was taten die Moderatorinnen? Sie kamen. Wie lang brauchten sie, um zu kommen? 24 Wörter oder etwa 12 Sekunden – das Vierfache des Erträglichen (siehe das vorige Rezept). Wie hätte man den Text überschaubar, zumutbar machen können und müssen? *Entweder* so: «Auch Moderatorinnen kamen gestern ins ARD-Hauptstadtstudio: Sandra Maischberger …; dazu der ARD-Vorsitzende Fritz Raff …» *Oder* durch eine Totalumstellung: «Ins ARD-Hauptstadtstudio kamen gestern Abend …»

Was wäre dazu nötig? Nur zweierlei: der Wille, verstanden zu werden, und die Kenntnis dieser unglaublich einfachen und einleuchtenden Generalregel mit den 6 Wörtern. Oder wäre durch die Missachtung dieser Regel vielleicht literarische Schönheit entstanden? Erstens: hier kaum. Zweitens, wenn doch: Schönheit darf und soll die

Lyrik regieren und die große Literatur; im Alltag hat sie durchzufallen, wenn sie der Verständlichkeit im Wege steht. Und, wie schön: Beim ganzen Luther, Lichtenberg und Heine, bei Büchner und Kafka, bei Brecht und bei Böll sind die Schönheit und die Kraft mit der Verständlichkeit identisch.

Unabhängig von der Wortstellung bleibt die Frage: Ist ein Satz von insgesamt 30 Wörtern wie der zitierte nicht sowieso zu lang? Da kommt ein anderes Grundgesetz der Verständlichkeitsforschung ins Spiel. Ihr Begründer, der Amerikaner R. A. Flesh, hat es 1949 so formuliert: «Ein Satz ist umso verständlicher, je weniger Wörter er hat.» Das Schreibprogramm *Microsoft Word* ist bis heute bei dieser These geblieben. Doch vernünftig (wie die von den kürzestmöglichen *Wörtern*) ist sie nicht.

Einwand 1: Auch kurze Sätze können schwer verständlich, ja abscheulich sein. So stand in Hamburg jahrelang ein Schild: «Vor vor dem Rathaus unbefugt abgestellten Kraftfahrzeugen wird gewarnt.»

Einwand 2: Markiert immer der *Punkt* das Ende des Satzes – können *kurze Hauptsätze* nicht ebenso durch Kommas getrennt werden, ja, empfiehlt sich das nicht geradezu? Der Schluss von Goethes Ballade «Der Fischer» besteht aus 5 Hauptsätzen, getrennt durch 3 Kommas, 1 Semikolon und 1 Doppelpunkt:

> Sie sprach zu ihm, sie sang zu ihm;
> Da wars um ihn geschehn:
> Halb zog sie ihn, halb sank er hin,
> Und ward nicht mehr gesehn.

Sind das nun 5 Sätze (von maximal 8 Wörtern) oder 1 Satz von 26 Wörtern? (Von denen übrigens 24 einsilbig sind – deutscher Rekord.) Dieser Satz wäre dann laut Microsoft zu lang – ein offenkundiger Unsinn. Überhaupt: Was vor und hinter dem Doppelpunkt oder dem Semikolon steht – ergibt das zwei Sätze oder einen? Das bloße Zählen führt nicht zum Ziel.

Einwand 3: Käme es aber wirklich nur auf die Punkte an – ich könnte meine Sätze in beliebig kurze Zeilen hacken. Das ist sogar modern (und wird in Rezept 23 ad absurdum geführt).

Einwand 4: Sätze von zwanzig, dreißig Wörtern können höchst verständlich sein und elegant dazu – wenn sie sich an das Gesetz der 6 Wörter halten (von dem Microsoft bis heute keine Kenntnis nimmt). 30 Wörter bei Georg Christoph Lichtenberg:

> Handle, wie die Weisesten vor dir gehandelt haben, und mache den Anfang deiner philosophischen Übungen nicht an solchen Stellen, wie dich ein Irrtum dem Scharfrichter in die Hände liefern kann.

Und wie lang darf ein Satz nun sein? Wenn er das Gesetz der 6 Wörter beherzigt – und wenn er *vorwärtsgeschrieben* ist (das Thema des nächsten Rezepts): dann so lang, wie der Atem reicht. Wenn mir bei *lautem* Lesen die Luft ausginge, wäre er zu lang gewesen. Rezept 24 wird demonstrieren, wie das zusammenhängt.

21
Sätze wie Pfeile

Der ideale Satz strebt vorwärts wie ein Pfeil. Er leistet sich nicht die Hängebäuche eingeschobener Nebensätze (**16**), nicht die Käfige voller eingezwängter Attribute (**17**) – und auch jeden anderen Ballast vermeidet er: die *Überfrachtung* vor allem und den grob fahrlässigen Umgang mit den Präpositionen *nach* und *neben*.

Alles auf einmal ist in den folgenden Satz gedrängt – leider einem Buch von 2009 entnommen, in dem drei Autoren die Frage «Warum noch Zeitungen?» stellen (solcher Sätze wegen sicher nicht):

> Wie Sarkozy 2009 mitteilte, gehören zu den Maßnahmen dieses Sanierungspakets **neben** der – inzwischen umgesetzten – *Verbannung* von Werbung aus den öffentlich-rechtlichen Fernsehprogrammen, dem *Erlass* von Sozialabgaben und Vertriebshilfen (bei Zeitungskiosken und -austrägern) sowie einer *Verschiebung* der Erhöhung der Posttarife **auch** die *Subventionierung* eines Gratisabonnements für alle 18-Jährigen, die ein Jahr lang eine Zeitung ihrer Wahl kostenlos beziehen können.

Das sind erstens 58 Wörter – mehr, als ein durchschnittlicher Atem bewältigen kann. Es nimmt, zum Zweiten, eine merkwürdige Unterordnung vor: Verbannung, Erlass, Verschiebung laufen unter «neben» – sind also nicht so wichtig? (Nebensache! Nebensatz!) Wollte das der Autor hervorheben? Oder hat er sich nur eines Versatzstücks aus dem Deutschunterricht bedient? («Schreibt nicht dauernd *und*!»)

Offenbar geht es doch um vier Maßnahmen ähnlichen Ranges – drei davon sind schon «umgesetzt» (Verbannung, Erlass, Verschiebung), eine vierte soll folgen (Subventionierung). Hätte man es nicht genau so sagen können, mit zwei Doppelpunkten, in zwei Sätzen oder in eine Tabelle aufgelöst?

Da regiert, wie bei Berufsschreibern so oft, eine merkwürdige Angst vor der klaren Gliederung: «Neben Consulting, Analyse, Konzeption und Gestaltung bieten wir auch PR, Promotion, Projektplanung und Kostenmanagement» – also neben viererlei noch viererlei, achterlei offenkundig. Und sollte der Ton wirklich darauf liegen, dass die ersten vier nur eine Nebensache wären? «Neben» steht im Nebensatz, neben dem Schloss steht eine Hundehütte (niemals umgekehrt!), und das rhetorische «neben» ist hiermit abgeschafft.

Mit dem *nach* wird ähnliches Unheil angerichtet. In Kurzporträts neuer Mitarbeiter kommt es fast zwanghaft vor: «Nach einer dreijährigen Tätigkeit in Hongkong» – das klingt wie: «nach einer dreitägigen Grippe»! Auch das *nach* degradiert die folgende Station zur Nebensache. «Nach der Sintflut heiter und trocken» hieß Gottes Warnung an Noah *nicht*. «Dann war er drei Jahre in Hongkong tätig», nur so kann es heißen, und das *nach* bleibt dem «nach kurzer Pause» vorbehalten.

Auch ohne *nach* und *neben* kann man Sätze schief gewichten oder unüberschaubar machen – wie diesen:

Kreative Unterstützung bei der Verwirklichung Ihrer Visionen erhält unsere Agentur aus dem Pool freier Mitarbeiter, die in den Bereichen Konzeption, Corporate Identity, Branding, Public Relations und Direktmarketing, aber auch Text, Design von Graphik und Layout, Druck, Audio, Foto, Video und Programmierung eng mit uns zusammenarbeiten.

In 12 Bereichen also! Ein Doppelpunkt («in folgenden Bereichen: ...») hätte da wenig geholfen: Eine solche Fülle an Details bedarf einer mehrstufigen Gliederung, sie ruft nach drei, vier Sätzen.

Vorwärtsschreiben, Sätze zu Pfeilen formen! Im Idealfall wie Schiller: «Da treibt ihn die Angst, da fasst er sich Mut und wirft sich hinein in die brausende Flut und teilt mit gewaltigen Armen den Strom, und ein Gott hat Erbarmen.» 30 Wörter. Atem reicht. Atem beschleunigt sich! Und darauf kommt es an.

22
Anstandshalber sollte man ...

Auch die schönsten Hauptsätze können den Leser ermüden, wenn sie in gleicher Form aufeinanderstoßen. Enthielt schon Rezept **17** den Rat, die Hauptsatz-Melodie durch angehängte Nebensätze zu beleben, so folgt hier der noch wichtigere: Mit der Normalstellung, nämlich dem Subjekt, *beginnen* sollten nicht mehr als zwei Sätze nacheinander (mit Ausnahmen wie in Rezept **18**: wenn gerade die hartnäckige Reihung Eindruck macht, wie bei Gandhi).

Im Alltag aber entstünde Überdruss, wenn man schriebe: «Der Hund biss den Briefträger. Der Briefträger schrie auf und lief zum Arzt. Der Arzt verband die Wunde. Der Briefträger ...» *Abwechslung* am Satzanfang ist geboten. Dafür stehen uns vier Varianten zur Verfügung: statt des Subjekts eine Umstandsangabe oder ein Adverb; oder das Objekt; oder ein vorangestellter Nebensatz; oder fast alles.

1. *Umstandsangaben* sind solche der Zeit («Morgen werde ich ...») oder des Ortes («In Berlin will ich ...») oder der Art und Weise («Erschöpft kam er zu Hause an»). *Adverbien* sind zum Beispiel: «Zwar will er ...», «Sonst hätte ich ...», «Anstandshalber sollte man ...», auch Kausal-Adverbien: «Deshalb habe ich ...», «So konnte er ...».

Beide Ansätze haben den zusätzlichen Vorzug, dass sie die Wortstellung über den Satzanfang hinaus verändern: Sie ziehen die *Inversion* nach sich, die Vertauschung der Reihenfolge zwischen Subjekt und Prädikat. Ausländer erlernen das schwer («Gestern ich hatte ...» sagen die meisten); für Deutsche bietet das die Chance, in Satzbau und Satzmelodie eine Rochade zu machen, die in anderen Sprachen nicht möglich ist. Hauptsätze variabel zu reihen, die Sprache in Bewegung zu halten ist also auf Deutsch einfacher als auf Englisch und in den romanischen Sprachen.

2. Man kann den Satz mit dem *Objekt* beginnen. Man sollte dies sogar, wenn ein Text oder ein Redner sein Thema wechselt: «Den Ausgang des Krieges in Afghanistan nannte der Minister ...» Dafür müssen jedoch zwei Bedingungen stimmen: Der Nachdruck, den das Objekt auf diese Weise erhält, sollte für Hörer und Leser einsichtig sein («Den Briefträger biss der Hund» wäre es nicht).

Und vor allem muss eine Deklinationsform zur Verfügung stehen, die das Objekt als solches kennzeichnet: «Den Letzten beißen die Hunde», das ist klar; schriebe ich aber «Die Letzten beißen die Hunde», dann wäre unklar, wer die Beißenden und wer die Gebissenen sind. Auch die Überschrift «*Gala* verriet Topmodel» ist ein kleines Ärgernis, weil der Leser auf halbem Weg auf eine Niedertracht eingestimmt wird – bis er weiterliest: «... seine Beauty-Geheimnisse».

3. Mit einem *vorangestellten Nebensatz* zu beginnen, kann eine sehr elegante Lösung sein. Von den vorangestellten unter den Nebensätzen war noch nicht die Rede: Sie sind insofern heikel, als sie die Antwort auf die Kernfrage «Wer tut was?» hinauszögern, was ja tendenziell unwillkommen ist (**20**).

Daher sollte unterschieden werden: Vorangestellte Nebensätze sind willkommen, ja ein selbstverständlicher Bestandteil auch der mündlichen Rede, wenn sie kurz sind: «Ob ich schon morgen fahre, weiß ich noch nicht.»

oder «Dass ausgerechnet mir das passieren würde, darauf wäre ich nie gekommen.» Das sind einmal 5, einmal 6 Wörter – und um so viel darf man den Satzkern nach hinten schieben.

Der *Neuen Zürcher Zeitung* jedoch gelang es, einem Hauptsatz von 6 Wörtern («– das alles wurde im Einzelnen debattiert») einen Nebensatz mit viermal «ob» in insgesamt 85 Wörtern voranzustellen; die *FAZ* begann einen Satz mit den Worten «Was über Hitlers Außenpolitik ausgeführt wird» und erreichte nach exakt einhundert weiteren Wörtern den Hauptsatz: «– das bewegt sich auf eher dürftigem Niveau.»

Den Klassiker für ein treffliches «ob» hat Goethe geliefert, ja doch. 1779 bat er in einem Wirtshaus in der Schweiz um Auskunft:

> Wir fragten, ob der Weg über die Furka noch gangbar wäre? (Subjekt vorn). Sie antworteten, dass ihre Leute den größten Teil des Winters drüber gingen (Subjekt wieder vorn – Abwechslung tut not!); *ob wir aber hinüber kommen würden*, das wüssten sie nicht.

Das ist schöne, selbstverständliche Sprachmelodie, schriftlich wie mündlich, und nicht zufällig ist der vorangestellte Nebensatz 6 Wörter lang.

4. Als Ausnahme kommt die sogenannte *Ausdrucksstellung* hinzu: Die Grammatik gibt uns die Freiheit, fast mit jeder Wortart anzufangen, wenn wir auf das Wort einen besonderen Nachdruck legen wollen. Mit dem Objekt in der drastischen Form: «Die Haare ausraufen könnte ich mir» – mit einem Adjektiv: «Schnell bist du nicht gerade gekommen» – mit dem Verb: «Zuhören ist wohl nicht deine Stärke.» Man kann sogar ein ganzes Buch mit *aber*

beginnen (Uwe Johnson: «Aber Jakob ist immer quer über die Gleise gegangen») und mit *und* den zweiten Vers der Bibel: «Und die Erde war wüst und leer.»

Bisher war nur von den Satzanfängen die Rede; den Ton aufs richtige Wort zu legen, ist aber auch mitten im Satz erstrebenswert. «Man mag bedauern, wenn sich einst belebte Gebiete der alten DDR entvölkern», schrieb die *FAZ* 2009, «aber es lässt sich offensichtlich nicht verhindern.» Hieße es nicht besser: «Aber verhindern lässt es sich nicht»?

Seit dem Tod des Lateinischen ist der deutsche Satzbau unter allen Kultursprachen der komplizierteste. Der beweglichste aber auch! Machen Sie Gebrauch davon.

23
Mit Kommas Musik machen

Unter allen Angeboten der Grammatik machen Berufsschreiber und andere Textverfasser von keinem einen so
spärlichen und lieblosen Gebrauch wie von Komma,
Doppelpunkt, Fragezeichen, Ausrufezeichen, Semikolon
(Strichpunkt) und Gedankenstrich. Oft findet sich überhaupt nichts außer Punkt und Komma – ja, viele Schreiber
scheinen sich dem Wahn hinzugeben, ein Punkt-Hagel sei
genau das, worauf die Leser gewartet hätten.

Das ist eine verschenkte Chance, sie durch den Text zu
ziehen: Satzzeichen *führen* die Stimme, sie machen Musik,
und die teilt sich unbewusst auch denen mit, die sie ihrerseits nicht zu setzen verstehen. Zum Beispiel: Ein Banker
hält eine Rede vor Außendienstmitarbeitern, um sie zu
motivieren. Seine ersten Worte lauten:

Frauen leben immer länger fragt sich nur wovon

Natürlich fehlen die Satzzeichen. Routinemäßig hätten sie
folgendermaßen ausgesehen:

Frauen leben immer länger. Fragt sich nur, wovon.

Im Redemanuskript aber war der Satz so geschrieben:

Frauen leben immer länger. Fragt sich nur – wovon?

Das war eine klare Einladung an den Redner: Beim Gedankenstrich lege eine Kunstpause ein, und mit dem letzten Wort hebe die Stimme! Sich dieser Intonation zu ver-

weigern wäre richtig schwer gewesen, und bei stummem Lesen hätte sich im inneren Ohr dasselbe abgespielt (siehe nächstes Rezept). Zwei klug gesetzte Zeichen haben dem Satz Leben eingeblasen – und in der realen Situation dem Redner schon den ersten Lacher beschert.

Gerade mal sieben Zeichen besitzen wir, um die tote Schrift mit der Lebendigkeit der mündlichen Rede zu befeuern: Wir heben oder senken die Stimme, wir sprechen schneller oder langsamer, lauter oder leiser, gelangweilt, bewegt, fragend, drohend, ironisch, bekümmert, verzweifelt, in Wut. Viel *mehr* als nur sieben Zeichen dafür haben etliche Dichter sich gewünscht. Wir bleiben bei den sieben – aber machen von allen Gebrauch! Und zuallererst: Stoßen wir den Punkt von seinem Thron.

Der Punkt gliedert den Text in Portionen zum Atemholen. Der Schreiber hat eine Aussage gemacht («So viel Ärger hatte ich selten.») und lädt den Leser ein, die Stimme zu senken und mit neuer Luft die nächste Aussage anzugehen. Der Punkt darf also nie so spät kommen, dass bei lautem Lesen der Atem nicht reichen würde – und nie so früh, wie es heute weithin als chic, cool, modern betrachtet wird (bei gleichzeitiger Vernichtung aller anderen Satzzeichen außer dem Komma): so früh also, dass im Satz noch gar nichts *passiert* ist, was nach neuer Luft verlangt und zum Weiterlesen animieren würde.

Völlig verfehlt ist ein Punkt nach einer bloßen Binsenweisheit: «Juli ist Reisezeit.» oder «Berlin ist die Hauptstadt Deutschlands.» Das schreit nach einem «aber» oder irgendeiner anderen Fortsetzung. Ein Hauptsatz *ist* noch keiner, wenn er keine Hauptsache enthält; ja, idealerweise sollte das Fallbeil des Punktes erst niedersausen, wenn der

Leser in Satz 1 etwas erfahren hat, was ihn motiviert, sich auf Satz 2 zu freuen.

Großartig demonstriert hat das Ernest Hemingway mit dem ersten Satz seiner Geschichte «Das kurze Glück im Leben des Francis Macomber». Sie beginnt: «Es war jetzt Mittagszeit, und sie saßen alle unter dem doppelten grünen Sonnendach des Speisezelts.» Na ja, denkt sich der Leser – offenbar ein paar Weiße auf Safari; in der Zeitung wären die Ersten hier schon abgesprungen. Doch Hemingway hat noch gar keinen Punkt gesetzt – es folgen erst ein Verb, ein Komma und eine Drohung: «... unter dem doppelten grünen Sonnendach des Speisezelts *und aßen, als wäre nichts passiert.*»

Ja, da darf, da soll ein Punkt stehen, und wer im Dienst des optimalen Textes um die optimale Zeichensetzung ringt, der messe seine Sätze an diesem Ideal.

Im Alltag geschieht das Gegenteil. Gleichgültigkeit gegenüber der Interpunktion, das wäre schädlich genug – aber es herrscht ja Vernarrtheit bis zum Punkt-Stakkato. In einem PR-Text so:

Wege sind Haltungen. Wege sind Einstellungen. Wege sind das Leben. Wo ein Wille ist, da ist auch ein Weg. Alle Wege führen nach Rom. Und der Weg ist das Ziel. Unternehmen gehen ihren Weg. Unsere Bank geht ihren Weg. Menschen in unserer Bank gehen ihren Weg. Unternehmen wie Menschen stehen dabei immer mal wieder an Weggabelungen. Die große Frage lautet dann: links rum oder rechts rum.

12 Sätze. 11 Punkte. (Am Schluss eine Frage – und kein Fragezeichen! Das ist grotesk.) Durchschnittliche Satzlänge: 5,5 Wörter. Als hätte Schiller geschrieben:

Balken krachen. Pfosten stürzen. Fenster klirren. Kinder jammern. Mütter irren. Tiere wimmern unter Trümmern. Alles rennet. Rettet. Flüchtet. Taghell ist die Nacht gelichtet.

Das wären 10 Punkte. Schiller hat 1 verwendet – dazu 8 Kommas und 1 Semikolon. Denn kurze Hauptsätze werden am besten durch Kommas getrennt: «Der Mai ist gekommen, die Bäume schlagen aus» – und unwillkürlich sprechen wir das anders, als wenn ein Punkt dazwischenstünde.

«Rettet. Flüchtet.» – Hier sind das erfundene, aber durchaus erlaubte Grenzfälle von Grammatik und Stilistik: Stummelsätze, «Ellipsen» – gern verwendet etwa in der Form: «Drei Stunden täglich trainiert sie. Auch bei Regen. Bis zum Umfallen.» Ein auffallendes Stilmittel, für das der Rat gilt: nicht mehr als einmal *pro Seite*. Es sei denn, man könnte gerade damit Wirkung erzielen – wie die *Süddeutsche Zeitung* 2009 zu der Erklärung Präsident Obamas, natürlich müssten die USA Atommacht *bleiben*, solange noch Atomwaffen auf der Welt existieren:

Genau dasselbe sagt Pakistan. Und Indien. Und China. Und Russland. Und England. Und Frankreich. Und wohl auch Israel. Noch Fragen?

Welche Kraft in diesem jähen Fragezeichen! So macht man das.

Unheil richtet die Punkt-Verliebtheit auch dort an, wo sie das inhaltlich offenkundig Zusammengehörige optisch zerreißt, bei *zwar – aber* zum Beispiel oder bei *nicht nur – sondern auch*. Das *zwar* gibt das klare Signal: Ich bin die erste Hälfte einer Aussage, das *aber* folgt sogleich – also hacke man nicht einen Punkt zwischen die halben Sachen, sondern führe mich durch den Satz, indem man entweder ein klares Zeichen der Verbundenheit verwendet (ein Komma, einen Gedankenstrich) oder ein nur scheinbar altertümliches: das *Semikolon*, den Strichpunkt – eine *kleine* Zäsur, die die Aussage in der Schwebe hält: Ich bin noch nicht fertig! (Über dieses Rezept habe ich 4 Semikolons – für Humanisten: Semikola – ausgestreut; und falls Sie das nicht bemerkt haben: Ihr Auge geführt haben sie doch.)

Die größte Chance, den Leser zum Weiterlesen zu verführen, bietet der *Doppelpunkt*: Der Satzteil vor ihm weckt eine kleine Erwartung («Da sagte Meyer: …» oder «Ich habe eine tolle Idee: …» oder «Dafür sprechen drei Gründe: …»); der Satzteil nach dem Doppelpunkt befriedigt sie. Den auch in solchen Fällen durch einen Punkt zu ersetzen ist eine der größten Torheiten, die man auf der Suche nach Lesern begehen kann. Aber dass regierende Moden alle Einsicht überrollen, ist ja nicht neu.

ZWISCHENBILANZ (3):
DIE ELF GEBOTE DES SATZBAUS

Verboten ist,
1. mehr als 6 Wörter zwischen die Teile eines zweiteiligen Verbums oder zwischen Subjekt und Prädikat zu schieben (19 und 20)
2. einen Satz länger zu machen, als bei lautem Lesen der Atem reichen würde (20 – und gleich wieder: 24)

Extrem unerwünscht sind
  3. eingeschobene Nebensätze (16)
  4. vorangestellte Attribute (17)

Unerwünscht sind
  5. hartnäckig wiederkehrende Satzanfänge (22)
  6. atemlos gesetzte Punkte (23)

Erwünscht sind
  7. Hauptsätze – immer die erste Wahl (18)
  8. oft: angehängte Nebensätze – ohne Handlung und
     mit Augenmaß (17)
  9. manchmal: vorangestellte Nebensätze, wenn sie kurz
     sind (22)
 10. Sätze wie Pfeile, vorwärtsstrebend (21)
 11. mindestens 5 der 7 Satzzeichen in *jedem* Text (23)

Dies alles gilt ausnahmslos für alle Texte, die auf möglichst
viele Leser zielen – unverändert seit Thukydides und Luther, seit Schiller und Bert Brecht –, ohne Rücksicht auf das
Medium, ohne Rücksicht auf den Zweck. Erst die folgenden Rezepte handeln von den Unterschieden.

UNTERSCHIEDE –
NACH DEM MEDIUM:

24
Fürs Hören schreiben

Nun sind wir da angelangt, wo es – nach 23 Rezepten für *alle* Texte, die sich Hörer oder Leser wünschen – um *die Unterschiede* geht. Zunächst die nach dem *Medium*; hier um die Frage, wie Texte fürs Gehörtwerden sich von denen fürs Gelesenwerden unterscheiden oder unterscheiden sollten: das Radio von der Zeitung zum Beispiel, der Vortrag vom Leitartikel, der geschriebene Blog vom gesprochenen Text.

Viel ist es nicht. Denn eigentlich «hören» wir *immer* (so wie Beethoven seine späten Werke selbstverständlich *hörte*, obwohl er taub war). Die Schrift ist eine späte Zugabe zur mündlichen Rede und das stumme Lesen wiederum ein sehr spätes Stadium ihrer Nutzung. In der Antike war die Schrift überwiegend eine bloße Unterlage für den Redner, bis an die Schwelle der Neuzeit war sie für Leser überwiegend die Einladung, sich den Text selber hörbar vorzulesen. Noch aus dem 16. Jahrhundert ist überliefert, dass der Abt eine Klosterzelle betrat und den Mönch tadelte, dass er nicht in der Bibel lese. «Aber ich lese doch!», sagte der Mönch. «Ich höre ja nichts!», sagte der Abt. Und Kinder *sprechen* selbstverständlich, während sie lesen oder schreiben lernen.

Auch haben wir eine Lautschrift: Der Buchstabe «a» ist ein optisches Symbol, den unser inneres Ohr in den Laut «a» umsetzt (wie der Dirigent die Note «cis» hört, wenn er sie in der Partitur liest) – mit messbaren elektrischen Spannungen im Ohr, in der fürs Hören zuständigen Hirnregion und sogar in der Zunge.

Jeder Text ist also de facto *für die Ohren* geschrieben. Was sich nicht gut anhört, ist nicht angenehm zu lesen. *Laut* lesen ist für den Autor die beste Qualitätskontrolle, egal, ob der Text auf Hörer oder auf Leser zielt; das laute Lesen entscheidet auch über die zumutbare Länge des Satzes (**20**). In der Linguistik ist oft von der «Atemsyntax» die Rede, in Erinnerung an den römischen Rhetor Quintilian, der schon im 1. Jahrhundert n. Chr. forderte, die Sätze «atemgerecht» zu formulieren.

Und so haben denn fast alle Stilisten von Rang, die fürs Lesen geschrieben haben, ihren Text zuvor mit den eigenen Ohren getestet.

Der ideale Text für Hörer wie für Leser ist an die gesprochene Sprache angelehnt, durch Niederschrift diszipliniert und für die Ohren geschrieben.

Alles in allem: *Soll man denn schreiben, wie man spricht?* Ja – mit den Einschränkungen, die im Wort «angelehnt» zum Ausdruck kommen. Die Basis für alles, was wir schreiben, sei unsere natürliche Rede. Wir sollten dann nur

- unsere Sätze zu einem grammatisch korrekten Ende bringen;
- von unseren Wörtern die flapsigen wägen, die vulgären tilgen und das treffendste noch suchen;
- auf schiere Wiederholungen verzichten (falls sie nicht zur *schönen Redundanz* gehören);
- das mutmaßliche Übermaß an Füllwörtern beseitigen: Liest man die Abschrift einer freien Rede, so erschrickt man unwillkürlich über die vielen «ja» und «doch» und «nun».

Ein Grenzfall: Inwieweit darf man geläufige mündliche Verkürzungen ins Schriftliche übernehmen? Denk doch *mal* nach – Da tut sich *was* – Er wurde *fünfzig*. Das ist eine Ermessensfrage, bei deutlich zunehmender Sympathie (auch des Autors) für die mündliche Form.

Völlig falsch ist die in Journalistenzeitschriften oft aufgestellte Behauptung, einfache Sätze müsse man Hörern auch deshalb anbieten, weil Zuhören schwieriger sei als Lesen. Nicht, wenn der Sprecher gut ist. Die oft grandios verschachtelten Sätze Thomas Manns sind in einer guten Hörbuch-Version (wie der von Gert Westphal) leichter verständlich als bei stummer Selbstlektüre – indem der Sprecher die Nebensätze leiser als die Hauptsätze liest, indem er die Struktur des Satzes hörbar, erlebbar macht, weit über die dürftigen Chancen der sieben Satzzeichen hinaus.

Was ist nun *trotzdem anders*, wenn man schreibt, um gehört zu werden? In Radio und Fernsehen wird seit Jahrzehnten die Faustregel verkündet: «Da der Hörer nicht zurückhören kann, müssen wir einfache Sätze schreiben.» Die Regel ist richtig – ihre Begründung ist falsch: Einfach, durchschaubar sollten Sätze *immer* sein.

Denn dem Nicht-zurückhören-*Können* des Hörers entspricht in 95 Prozent der Fälle das Nicht-zurücklesen-*Wollen* des Lesers. Was liest man denn zweimal? Bedrohliche Schriftsätze von Rechtsanwälten – und in der Zeitung ausnahmsweise mal den Satz oder den Absatz *davor*, falls man das gerade Gelesene interessant findet, aber nicht einordnen kann. Dieser Minderheit zuliebe sollten Texte fürs Hören in der Tat, häufiger als der Zeitungstext, die Quelle, das handelnde Subjekt wiederholen, im Grenzfall außerdem einen komplizierten Sachverhalt noch einmal verkürzt formulieren.

Der einzige weitere Unterschied zwischen Hören und Lesen ist das geringere Aufnahmevermögen des Hörers für *Zahlen*. Im Fernsehen erscheinen die Ergebnisse von Wahlen, Umfragen und dergleichen vernünftigerweise sofort auch in der Schrift, im *Hörfunk* endet die Aufnahmefähigkeit bei drei bis vier Zahlen, und die dürfen nicht kompliziert sein: 4,2 Millionen Arbeitslose prägt sich leichter ein als 4 221 000 Arbeitslose, und 4 221 650 Arbeitslose wäre grotesk.

Mit diesen beiden Ausnahmen gelten für Texte zum Lesen und Texte zum Hören dieselben Gesetze der Verständlichkeit und dieselben Regeln der Attraktivität: die konkreten, die schlichtesten möglichen Wörter in schlanken, transparenten Sätzen.

Was aber das Manuskript einer vorbereiteten, vorgelesenen *Rede* angeht, so kommt da die Interaktion mit den Zuhörern hinzu – eine Wechselwirkung, wie der Schreiber sie sonst nie erlebt. Gleich mehr.

25
Die Kunst der Rede

Wer erkennbar *frei* spricht (Diskussion, Talkshow, auf-
geregter Reporter), spricht anders, als wenn er abläse, und
wenn er sich nicht direkt verhaspelt, ist das in Ordnung.
Umgekehrt: Im Fernsehen erzeugt der Teleprompter
einen Zwitter zwischen Ablesen und scheinbarem Frei-
sprechen und damit einen Hauch von Unglaubwürdigkeit.

In einer *geplanten* Rede frei zu sprechen, trauen sich
nur wenige zu, und zwar zu Recht. Üben lässt sich das nur
mündlich, mit einem Coach oder in einem Rhetorik-
Seminar. Hier also die Reden, die einer für sich selbst oder
für einen anderen *schreibt*; Politiker und Wirtschaftsführer
haben Hunderte von Redenschreibern in ihren Dienst
genommen, zwei sind in Fachkreisen sogar berühmt geworden: die Redenschreiber der Präsidenten Kennedy
und Obama. Für die vorgelesene Rede ist Folgendes zu
bedenken.

Der *Zuhörer* hat es grundsätzlich schwerer als der Leser:
Wer liest, kann jederzeit aufhören (und tut es meistens);
wer sich darauf eingelassen hat, einem Redner zuzuhören,
der *muss bleiben*, wenn er keinen Affront begehen will.

Einerseits wird er folglich – scheinbar zum Heil des
Redners – daran gehindert, nach ein paar Zeilen seine
Aufmerksamkeit einem anderen Thema zuzuwenden, wie
es das dominierende Leseverhalten ist. Andrerseits hat der
Zwang zum Ausharren etwas Quälendes, und ein Zwang
zum Zuhören entspricht dem nicht: Es genügt, dumpf
oder träumend anwesend zu sein und das Gähnen zu unterdrücken.

Das Problem ist alt: 1774 wünschte der Dichter Christoph Martin Wieland sich Reden, deren Ende man nicht «mit Ungeduld herbeigähnt»; 2003 formulierte die *FAZ* «das unumstößliche Gesetz aller Tagungen, dass die Ausdauer der Vortragenden größer ist als die ihrer Zuhörer»; und der ehemalige Bundespräsident Johannes Rau schloss 2005 eine seiner letzten Reden mit den Worten: Wenn nun ein Schlussbeifall folgen sollte, so wisse er doch: «Neunzig Prozent davon sind Erleichterung, dass es vorüber ist.»

Wie lang also darf eine Rede sein? Maximal sieben Minuten, und auch das nur, wenn sie mit einem Scherz beginnt und mit einem Witz endet – so eine nur halb ironische Faustregel aus Amerika. Eine *Tischrede*, zwischen zwei Gänge geschoben, sollte sich in der Tat daran halten – niemals aber zehn Minuten überschreiten. Für eine *Predigt* vertraute ein katholischer Pfarrer der *Süddeutschen Zeitung* folgende Maße an: «Fünf Minuten sind kurz, zehn Minuten gut, fünfzehn Minuten für die Katz und zwanzig für den Teufel.»

Bei einer Rede vom Podium herab gilt eine halbe Stunde als guter Kompromiss zwischen dem Wunsch des Redners, sich mitzuteilen, und dem Wunsch der Sitzenden, nicht zu lange gleichsam angeschnallt bleiben zu müssen. Eine Dreiviertelstunde aber ist die Obergrenze dessen, was ein gutwilliges Publikum noch wohlwollend erträgt – falls der Redner etwas zu sagen hat, natürlich; und falls er für Kurzweil sorgt, für Pointen und Anekdoten – Bonbons für die zum Bleiben Verdammten.

Man möchte nicht glauben, wie oft das Gegenteil geschieht. Unruhe zum Beispiel verbreitet jeder Redner mit Sätzen wie «Bevor wir zum Thema kommen, gestatten Sie mir ein paar einleitende Worte» (gestatten müssen wir wohl – aber warum fängt er nicht mit dem *Thema* an?). Tiefes Erschrecken bei einer Ankündigung von der Art: «Ehe ich auf mein eigentliches Thema zu sprechen komme, möchte ich in einem kurzen Abriss unserer fünf- zigjährigen Firmengeschichte ...»

Gut, das sind Ausnahmen (wenn auch keine raren). Fast alle Redner aber unterwerfen sich dem befremdlichen Ritual des Um-Erlaubnis-Heischens, dessen Herkunft dunkel und dessen Zweck ein Rätsel ist: «Lassen Sie mich an dieser Stelle ...» sagen sie (an welcher sonst?). Oder: «Ich darf mich nunmehr ...» (ein Zwitter: Er tut es – ob er darf, hat er gar nicht gefragt). Oder gar: «Gestatten Sie mir einen Blick auf unsere Aktien» (na und ob – in einer Hauptversammlung!). Ein Vorschlag an alle Redner bis zum Jüngsten Tag: Ja, wir lassen Sie, und wir gestatten Ihnen – und nun zur Sache, bitte. Wenn aber der Redner bedauernd verkündet, es sei hier nicht der Platz oder «Lei- der reicht die Zeit nicht, um ...», so hat er ein Eigentor ge- schossen: Manche der Anwesenden werden ein befriedig- tes Kichern mühsam unterdrücken.

Wie kann man nur zulassen, dass ein vorgelesener Text langweiliger, abstoßender als ein stumm gelesener ist – ob- wohl der Redner doch den umgekehrten Ehrgeiz braucht? Die Grundregeln des guten Schreibens gelten für ihn besonders strikt: konkrete, möglichst schlichte Wörter in schlanken, vorwärtsstrebenden Sätzen – und keiner län- ger, als der Atem reicht; dazu *schöne* Redundanz (**6**): Bei- spiele, Bilder, Vergleiche; idealerweise ein Bonmot.

Wer für andere schreibt, unterschätzt meist drei *optische Signale*, die für den *Vortragenden* extrem wichtig sind: Zu be- tonende Wörter werden durch Fett- oder Kursivdruck her- vorgehoben – Satzzeichen müssen die Stimme führen (**23**) –

und Absätze sind *keine* Nebensache: Ein Absatz habe 300 bis 600 Zeichen (nicht mehr – und nur ausnahmsweise weniger). Nur so entsteht die willkommene kleine Atempause zur Gliederung des Textes. Jeder Leser macht beim Absatz diese Zäsur ganz unwillkürlich, und Hörer *brauchen* sie.

Was ist das Ideal einer Rede? Dass die Hörer zuhören – gern zuhören bis zum Schluss –, mindestens einmal geschmunzelt haben – und etwas mitnehmen, zum Weitererzählen, zum Beherzigen.

Tucholskys «Ratschläge für einen schlechten Redner»

Du musst alles in die Nebensätze legen. Sag nie: «Die Steuern sind zu hoch.» Das ist zu einfach. Sag: «Ich möchte zu dem, was ich soeben gesagt habe, noch kurz bemerken, dass mir die Steuern bei weitem …»

Fang nie mit dem Anfang an, sondern immer drei Meilen *vor* dem Anfang! Etwa so: «Meine Damen und meine Herren! Bevor ich zum Thema des heutigen Abends komme, lassen Sie mich Ihnen kurz …»

Das hat der Zuhörer gern: dass er deine Rede wie ein schweres Schulpensum aufbekommt; dass du mit dem drohst, was du sagen willst, sagst und schon gesagt hast.

Wenn du einen Witz machst, lach vorher, damit man weiß, wo die Pointe ist.

Kündige den Schluss deiner Rede lange vorher an, damit die Hörer vor Freude nicht einen Schlaganfall bekommen.

Wenn einer spricht, müssen die anderen zuhören – das ist deine Gelegenheit! Missbrauche sie. (1930)

**Brillant, aber gemein
(Diskussionsbeiträge, in Jahrzehnten aufgespießt)**

Es hört sich dekorativ an, was Sie sagen.

Ich ahnte schon, dass Sie für einen unerwarteten Gedanken nicht erreichbar sind.

Sie wissen es möglicherweise besser, als Sie es ausdrücken können.

Warum bemühen Sie sich so heftig, unser aller Weltkenntnis rhetorisch zu unterbieten?

Ist Ihr Friseur krank – dass Sie diesen Unsinn *uns* erzählen?

Sagen Sie ruhig Ihre Meinung – ich erkläre Ihnen dann die Zusammenhänge.

Ich habe kein Wort verstanden, aber offensichtlich hat Ihre Rede *Sie* furchtbar mitgenommen.

26
Die (h)eilige Mail

Die Bestandsaufnahme ist erschreckend und durchaus nicht neu. Trotzdem findet sie hier noch einmal statt – damit deutlich wird, welches Schreibverhalten aus ihr folgen sollte; jedenfalls wenn man wünscht, sich aus der Elektronik-Schwemme doch irgendwie herauszuheben. Die Bilanz ist diese:

1. Es werden dramatisch mehr E-Mails geschrieben als jemals Briefe, Postkarten, Hausmitteilungen und Notizen zusammengenommen. Das rührt vermutlich her (a) von der Beiläufigkeit des Schreibbeginns ohne Papier, Kuvert und Schreibmaschinenwalze; (b) von dem Bewusstsein, dass der Mail-Verweigerer ein Außenseiter wäre und sich ins Geschäftsleben nicht mehr integrieren ließe.

2. Dabei hat sich die Menge des Mitteilenswerten keineswegs im Gleichschritt mit der Mail-Inflation erhöht. Die Frage «Habe ich eigentlich etwas zu sagen?» wird seltener gestellt – schon gar nicht in der anschaulichen Form: Würde ich das auch niederschreiben, wenn ich dafür eine Briefmarke kaufen müsste?

3. Ebenso werden für die jeweilige Aussage im Durchschnitt mehr Wörter verwendet als einst im Brief: Es schreibt sich ja so leicht, nun rasch hinaus damit! Zu prüfen, zu straffen, sich zu korrigieren ist nicht üblich, korrekte Grammatik Nebensache, das Unausgegorene der Normalfall.

4. Im Büroalltag absorbiert die Lektüre der E-Mails und die unverzügliche Antwort, wie der Absender sie erwartet und der Zeitgeist sie fordert, bis zu drei Stunden

der täglichen Arbeitszeit. Die Mail-Flut senkt so die Produktivität und kostet Milliarden. In vielen Unternehmen wird versucht, mailfreie Arbeitsstunden durchzusetzen.

5. Der Mail-Schwall trägt das Seine bei zum *Multitasking*, dem Mehrfach-Agieren zu fast gleicher Zeit, das eine Jugendmode ist und sich im Büro zur Katastrophe auszuwachsen droht. Wirklich gleichzeitiges Handeln ist nicht möglich, die Aufmerksamkeit springt im Abstand von Zehntelsekunden hin und her – mit der oft bewiesenen Folge, dass das Telefonieren im Auto, auch mit einer Freisprechanlage, die Unfallwahrscheinlichkeit erhöht. Der «Gleichzeitigkeitswahn» erschwert die Konzentration und vergeudet Arbeitszeit. Ernst Pöppel, einer der Entdecker des für den Satzbau entscheidenden Drei-Sekunden-Intervalls (19), sagt es so: «Wenn jeder Deutsche eine Stunde am Tag ohne Unterbrechung durcharbeiten würde, bekämen wir den größten Innovationsschub aller Zeiten.»

6. Tendenziell gilt die Mail als weniger glaubwürdig als der Brief auf Papier, hat die kalifornische *Academy of Management* 2008 ermittelt. Mit hoher Wahrscheinlichkeit habe der Schreiber ja weniger nachgedacht und neige in höherem Grade zu vorschnellen Urteilen.

Was bleibt dem, der die Chance sucht, inmitten des oft lästigen, meist hingehudelten Überangebots an Hochgeschwindigkeitsprosa angenehm aufzufallen? Der Rückgriff aufs Papier wird ihm nur ausnahmsweise möglich sein. Er sollte also versuchen, vor dem Senden der Mail die folgenden Empfehlungen zu bedenken – und möglicherweise sich bei wiederkehrenden Empfängern damit einen Namen zu machen: «Der mailt zwar, aber es lohnt sich!»

1. Auf die spontane Absicht, eine Mail zu schreiben, lasse ich die Mail *nicht* zwangsläufig folgen. Am Anfang könnte die Frage stehen: Wäre mir das eine Briefmarke wert?

2. Ich schreibe kürzer als die anderen. Drei Absätze zu 300 Zeichen sollten die Obergrenze sein. So würde der Eindruck von Geschwätzigkeit, Wichtigtuerei und mühsamer Lektüre vermieden werden. *Schreib die Hälfte!*

3. Ich pflege die Kunst des Anfangs. Idealerweise fühlt sich der Empfänger schon durch meinen ersten Satz informiert und interessiert (wie es Paul Krugman schaffte, Seite 16).

4. Da man vom Bildschirm noch ungeduldiger liest als von Papier, sind mir Hauptsätze (**18**), schlanke Sätze (**21**) und die strikte Einhaltung des Gesetzes der 6 Wörter (**19**) besonders wichtig.

5. Ich halte mich eisern an die Grammatik, Groß- und Kleinschreibung inbegriffen. Manchem Empfänger fällt das angenehm auf – für die anderen erhöht es unbewusst die Glaubwürdigkeit.

6. Für eine Kontroll-Lektüre auf dem Schirm – und die Korrekturen, die daraus folgen könnten – nehme ich mir Zeit. Wenn es um die Wurst geht, korrigiere ich sogar auf einem Papierausdruck. (Dass auf *dem* grundsätzlich mehr korrigiert wird, ist statistisch erwiesen.) Alles in allem: *vor* dem Schreiben denken – *nach* dem Schreiben prüfen!

Was bleibt inmitten des elektronischen Gewusels fürs *Papier*? Eine Menge – solange wir es selbstverständlich finden, dass Todesanzeigen und Beileidsbriefe sich des Papiers bedienen. Bei Bewerbungen ist da ein Wandel im Gange (Rezept **31**). In vielen Unternehmen aber gilt weiter die Regel: Anfragen und Beschwerden, wie immer sie uns erreichen, werden auf Papier beantwortet. Papier wirkt höflich, Papier hat Prestige – und zwar nicht nur mehr als die E-Mail, sondern sogar mehr, als es je hatte, bevor die Mail ihm auf die Pelle rückte.

27
Luther und Twitter – Arm in Arm

«Meistens ist in sechs bis acht / Wörtern völlig abge-macht. / Und in ebenso viel Sätzen / Lässt sich Band-wurmweisheit schwätzen.» Der Satz hat 121 Zeichen und stammt von Christian Morgenstern, der 1914 gestorben ist – 94 Jahre, bevor mit den Attentaten in Bombay im Dezember 2008 das *Twittern* erstmals öffentliche Auf-merksamkeit erregte.

Da zeigte sich des neuen Mediums beste Seite: maximal 140 Zeichen, auch vom Handy aus – und damit das tech-nisch erzwungene Gegenteil zur vorletzten elektronischen Massenmode: dem *Bloggen* mit seiner Tendenz, einen Wortbrei anzurühren.

Beim *Weblog*, dem Logbuch im Web, kurz Blog genannt, können wir die *Corporate Blogs* außer Acht lassen: Die aufs Internet ausgedehnte Öffentlichkeitsarbeit von Firmen, Verbänden, Touristik-Unternehmen, von Berufsschreibern bedient wie die herkömmliche PR und ist damit sprachlich denselben Gesetzen unterworfen – nur unter den ver-schärften Bedingungen, die aus der Flüchtigkeit aller Lek-türe auf dem Bildschirm folgen.

Personal Blogs werden manchmal von Redaktionen erbe-ten. Überwiegend sind sie unverlangte Kommentare zum Weltgeschehen, Selbstdarstellungen, öffentliche Tage-bücher – durchweg also Texte, auf die niemand gewartet hat, gesendet ins Nirgendwo; dem *Handelsblatt* zufolge in den Augen vieler «ein Medium für frustrierte Zeitgenos-sen, die aus Mangel an Ansprache das digitale Universum mit banalem Geschwätz unter Dauerbeschuss nehmen».

Andrerseits: Noch nie in der Weltgeschichte hat es eine solche Menge an Geschriebenem gegeben; per Internet hat die geschriebene Sprache mit der im Handy gesprochenen gleichgezogen. Wer den «Verfall der Briefkultur» beklagt, muss zugeben: Der klug und mit Herz geschriebene Brief war immer etwas ziemlich Seltenes, und auch im Netz lässt er sich finden.

Viele Blogger aber wissen oder ahnen, dass möglicherweise kein Einziger sie liest. Für sie ist das Niederschreiben selbst, das Fixieren der Erlebnisse, das Abreagieren von Ärger und Wut eine Entlastung, fast ein Vergnügen. Millionen Menschen haben das ja, zumal in der Pubertät, auf Papier betrieben, in einem Tagebuch, das durchaus kein anderer lesen sollte. Aber Papier ist von gestern, und ich bin ein moderner Mensch! Allerdings nimmt der nur für sich schreibende Blogger in Kauf, dass Fremde mitlesen; er muss also gewärtig sein, noch Jahre später auf einen Seelen-Erguss angesprochen zu werden, den er lieber aus dem öffentlichen Gedächtnis gestrichen sähe.

Bei *Facebook*, *MySpace* und anderen Sozialnetzen ist das schon zum Problem geworden: Gedacht als illustrierte Selbstdarstellung zugunsten von Freunden und solchen, die man haben möchte, oft angereichert mit Party- und Urlaubsfotos, haben sich die Selbstporträts zu einer Fundgrube für Personalchefs entwickelt: «Die in *dem* Bikini hat sich bei uns beworben? Nein, danke.» Der *Stern* sagt es klar: «Viele machen sich zum Affen.»

Bei *Facebook* lähmt das unausgesprochene Motto «Man sieht mich, also bin ich» oft die Selbstkritik; beim *Bloggen* bewirkt der Glaubenssatz «Ich klicke, also bin ich» tendenziell dasselbe. In der Mehrzahl wünschen sich die Blogger nichts sehnlicher als Leser. Und die zu finden ist für sie schwerer als für jeden anderen, der sie haben will.

Die *Mail* richtet sich an eine bekannte Zielperson, oft zusätzlich an einen Kreis mutmaßlicher Interessenten; für die *Zeitung* haben die Leute was bezahlt und tragen ihr damit ein Quantum Lesebereitschaft entgegen. Der *Blogger* wirft nur einen Köder in den Ozean und hofft, dass viele Fische anbeißen – den Millionen anderen Ködern zum Trotz.

Sich schon durch einen verblüffenden ersten Satz aus dem Meer herauszuheben, ist für ihn also wichtiger als für jeden anderen Schreiber; ebenso, seine Aussage, sein Anliegen nicht in Schwatzhaftigkeit zu ersäufen; vor allem nicht das schiere Geschwätz zu produzieren, dem eine Aussage, gar ein Anliegen nur schwer entnommen werden kann.

Da hielt es eine ehemalige «Big Brother»-Moderatorin für mitteilenswert, dass sie auf einem Empfang «Götterspeise mit Waldmeistergeschmack» gegessen habe, «garniert mit Ingwer-Äpfeln» natürlich; wie sich ein anderer Blogger über Tibet grämte, stand auf Seite 36f. zu lesen. Wie bei allem Geschriebenen würde es helfen, wenn der Schreiber Schopenhauers «erste Regel für den guten Stil» beherzigte: «... dass man etwas zu sagen habe. O, damit kommt man weit!»

Viele Blogger nutzen das Netz, um ihren kleinen Ärger öffentlich loszuwerden und ihre Mitmenschen zu denunzieren. Über einen Busfahrer, den der Schreiber als unhöflich empfand, erfahren wir: «Griesgram der Grobe motzt mich an», und wahrscheinlich war der Schreiber stolz darauf, was für eine Formulierung ihm da gelungen war.

Aber das ist harmlos im Vergleich zu den Verunglimpfungen, in denen sich viele Blogger gefallen. In Amerika hat sich die Internetseite *Rottenneighbor* etabliert (der faule, der verfaulte, der gemeine Nachbar), die zur Beschimpfung und Verächtlichmachung förmlich einlädt. Der *Spiegel* sprach 2008 von «einem unbestimmbaren Internet-Mob, der sich selbst aufstachelt und zur Selbst- und Lynchjustiz greift».

So ist das wohl zuweilen; ein Ratgeber für kraftvolles Deutsch kann da nur seufzen. Immerhin: Kaum ein Blogger wird versucht sein, mit «Paradigmenwechseln» zu brillieren (15) oder mit Satzlabyrinthen zu protzen, wie die meisten Geisteswissenschaftler und erschreckend viele Berufsschreiber es lieben (21) – insofern sind seine Chancen, Leser zu finden, nicht einmal so schlecht.

Der Rückkehr des Wortrauschs (in Rezept 5 anhand eines klassischen Blogs beschrieben) hat sich nun überraschend der Zwang zur Kürze zugesellt: die maximal 140 Zeichen für den *tweet* – ein schönes Beispiel für die Macht des Mediums über die Form der Kommunikation.

Die Leipziger Journalistin und Romanautorin Else Buschheuer, bekennende Bloggerin seit 1999, hat das Twittern als «die Portionierung der eigenen Geschwätzigkeit» beschrieben. Nun twittert sie *immer*: «Wenn ich ausrutsche und stürze», sagte sie 2009, «hab ich, noch ehe ich auf dem Boden aufschlage, einen lakonischen Satz dafür formuliert.»

Getwittert hat sie zum Beispiel: «Ist jemand, der in die bio schreibt ‹twittert ausschließlich nackt in pumps› frauenfeindlich oder lustig? Feministinnen wägen z. Zt. noch ab.» (141 Zeichen) Eine andere tippte ein: «Man trägt die reizwäsche eh nur für die eventualität eines verkehrsunfalls» (74). Der Starfußballer twittert: «Ich habe übrigens eine neue Frisur.» Der Politiker: «Die Nacht war viel zu kurz, und doch sitze ich schon seit 6 Uhr im Auto nach Berlin.»

Längst aber hat sich die gezwitscherte private Albernheit in mehrere Richtungen emanzipiert: Die Wirtschaft twittert Werbung und Selbstdarstellung; manche Unternehmen betreiben damit routinemäßig Kurzinformation, und Blogger weisen per *tweet* auf ihren Blog hin (ein autarker Kreislauf); was die *Politik* damit treibt, steht im nächsten Rezept.

Auch hat das Bistum Limburg einen *Twitter Account* angelegt, zum Kurz-Austausch mit den Gläubigen, und die Bibel in 3900 *tweets* zu zerlegen wird erwogen: Für das Neue Testament würde das reichen, etwa die Hälfte aller Verse besteht aus weniger als 140 Zeichen, gar nur 80 bis 90 Zeichen lang sind die Seligpreisungen der Bergpredigt, und perfekt hätte sich einer der kraftvollsten Sätze der Bibel twittern lassen: «Der Herr hat's gegeben, der Herr hat's genommen; der Name des Herrn sei gelobt!» (79)

Luther und Twitter Arm in Arm! Vom Drang, vom Zwang zur Kürze her sind sie in der Tat verwandt. Auch mit dem japanischen *Haiku*, dem klassischen Gedicht von drei Zeilen mit fünf, sieben und wieder fünf Silben: «Voller Mond im Herbst: / Um den Teich bin ich geirrt / eine ganze Nacht» (67 Zeichen). Könnte dergleichen nicht geradezu einen Ehrgeiz wecken, fast ein Sport werden: Wer kann das meiste sagen in zwei, drei kurzen Sätzen, wer kann sie zittern lassen vor Kraft? Ein *tweet* aus dem Iran vom Juni 2009 kam dem schon nah: «ahmadinejad called us dust. we showed him a sandstorm» (53): «staub hat uns ahmadinedschad genannt. einen sandsturm haben wir ihm vorgeführt.»

Oder sollte sich Twitter als eine kurzlebige Mode erweisen? «Möglicherweise hat der Plapperdienst seine besten Zeiten hinter sich», behauptete *Spiegel Online* 2009. «Während die einen darin die Neuerfindung des Informationszeitalters erkennen, wenden sich die anderen genervt ab.» Schon weil sie überschwemmt würden mit Viagra-Offerten und Sonderangeboten von Banken im tropischen Afrika.

Noch aber sind wir mittendrin in dem Sturm von Problemen, den Twitter und Blog entfesselt haben: Die Chance eines jeden, die eigene Meinung ohne Lizenz und Kontrolle Millionen Menschen mitzuteilen, hat Politiker in Unruhe versetzt, die Grundlagen der Kommunikation verwandelt und einen Machtkampf mit den Hütern der kontrollierten Information provoziert: den Journalisten.

28
Blogger contra Journalisten

Zwischen Journalisten und Bloggern herrscht Krieg. Schon der einzelne Blogger hat eine schlechte Presse: Da breite sich eine Herrschaft selbstgewisser Amateure, ja Stümper aus, die alles zuließen, «was in anderen Medien längst als geschwätzig, dumm oder auch verbrecherisch geächtet oder geahndet wird» (*FAZ* 2009). Das Internet sei «voller Loser, Bruchpiloten und Halb-Analphabeten» (Henryk M. Broder 2009 in der *Welt*).

Wenn die Blogger sich gar zu einer Gemeinschaft vernetzen, dann «spielen sie sich als mediale Avantgarde auf und schauen auf die traditionellen Medien herab – ungefähr wie der Floh auf den Hund» (*Frankfurter Allgemeine Sonntagszeitung* 2008). «In den Debatten-Foren dominieren Rechthaber und sabotierende Schmierfinken» (*Süddeutsche Zeitung* 2009). Auch von «digitaler Verdummung» ist die Rede; Blogger seien «meinungsstark und ahnungslos»; ein Kollektiv von Amateuren gängle mit gefährlichem Halbwissen, aber missionarischem Eifer die öffentliche Meinung.

In der Tat: Da hat ein epochaler Machtwechsel stattgefunden – zum zweiten Mal. Bis zum Aufkommen der ersten Zeitungen im 17. Jahrhundert gab es nur das Herrschaftswissen der Regierenden und einiger Großkaufleute; so war es ein Priester, der unter solchen Männern 1493 die vertrauliche Information verbreitete, Kolumbus habe vielleicht doch nicht Indien gefunden, sondern einen neuen Kontinent entdeckt.

In der zweiten Hälfte des 20. Jahrhunderts aber war in

der freien Welt der Zustand erreicht, dass der Berufsstand des Journalisten jeden, der es wissen wollte, so ziemlich über alles Bemerkenswerte auf Erden unterrichtete. Unstreitig hatten und haben Journalisten den Vorzug, im Durchschnitt gebildeter zu sein, mehr von der Welt zu wissen und besser schreiben zu können als das Gros ihrer Leser – im Durchschnitt.

Dass sie gleichzeitig die *Schleusenwärter* sind, Leute also, die entscheiden, was überhaupt zur Veröffentlichung durchgelassen werden soll – das hat einen Vorteil und einen Nachteil auch. *Der Vorteil:* Sie ließen und lassen das ganz und gar Gleichgültige und das offenbar Unsinnige und Erlogene nicht herein; sie wägen und prüfen, und sie haften für das, was sie passieren lassen und wie sie es tun. *Der Nachteil:* Dabei treffen sie natürlich auch Fehlentscheidungen – fahrlässig, verblendet oder korrumpiert. So oder so: Eine Minderheit entschied allein, was die Mehrheit wissen konnte. Überwiegend entschied sie kritisch und gescheit. Aber keineswegs immer.

Es verwundert nicht, dass viele von dieser einflussreichen Minderheit nun ihrem Monopol nachtrauern und die «Blogosphäre» kritisch beäugen – so, wie viele Blogger, umgekehrt, einen bloßen Generationenkonflikt diagnostizieren: *Wir* sind jung, unser ist die Zukunft!

Manche etablierten Redaktionen stimmen ihnen sogar zu. «Die Journalisten haben ihren Priester-Status verloren, was ihnen heftige Phantomschmerzen bereitet», schrieb die *Welt* 2009, und die *Frankfurter Rundschau*: «Die vierte Gewalt» (die Presse) «wird nun selbst kontrolliert ... und nicht selten zu Recht. Denn den Redakteuren in ihren Büros sitzen Tausende vor ihren Computern zuhause gegenüber, die auf dem einen oder anderen Gebiet Fachleute sind, während der Autor eines Artikels oft eher der versierte Vermittler ist als der Experte.»

Unbestritten ist, dass die Netzeitung *Huffington Post* im letzten Präsidentschafts-Wahlkampf in den USA eine große und offenbar saubere Rolle gespielt hat. Arianna Huffington, die Gründerin und Herausgeberin, sagte 2009 in der *Süddeutschen Zeitung*: «Viele Journalisten haben sich in der Vergangenheit allzu häufig als Stenographen, nicht als ‹Watchdogs› verstanden. Ihren Presseausweis haben sie als Eintrittskarte missbraucht, um den Mächtigen möglichst nahe zu sein.»

Ja, das kam vor. Blog und Twitter haben aber ebenfalls ihre Unschuld längst verloren. Mit beiden betrieb Präsident Obama 2008 Wahlkampf bis zur letzten Minute. Die britische Regierung hat 2009 ihre Beamten zum Twittern aufgefordert und ihnen dafür eine Richtlinie von 20 Seiten an die Hand gegeben. Beide Medien eignen sich also für eine kostenlose, allgegenwärtige politische Propaganda – in einem Umfang, den die Zeitungsjournalisten ihren Lesern großenteils ersparen.

Andrerseits haben Blog und Twitter der Presse auch geholfen: Wo Journalisten keinen Zutritt hatten, haben Blogs aus China und im Frühjahr 2009 eine wahre Twitter-Lawine aus Iran für Informationen gesorgt und die Mächtigen in Bedrängnis gebracht (wie dies auch zu den journalistischen Tugenden zählt).

Wurde aber per Blog und Twitter immer die schiere Wahrheit übermittelt? Muss die Summe aller Blogs und *tweets* aus den unfreien Ländern überhaupt eine repräsentative Meinung widerspiegeln? Könnte sich nicht auch im Iran eine Minderheit durch überlegene Twitter-Aktivität den Anschein der Mehrheit verschafft haben, fragte die

Süddeutsche – indem die Bewohner der Hauptstadt eben besser elektronisch ausgerüstet waren als die Bauern?

Und wie, fragte die *New York Times*, prüfen wir die Quellen und die Absichten dieser Do-it-yourself-Journalisten? Können wir bei ihnen denn journalistische Tugenden wie Distanz und Misstrauen voraussetzen? Etwas als Erster zu bekommen, das sei leicht – es korrekt zu haben, sei teuer *(Getting it right is expensive – getting it first is cheap)*.

Wie etliche, zumal amerikanische Zeitungen hat die *New York Times* während der Unruhen im Iran einen Redakteur mit der hauptberuflichen Auswertung der *tweets* und Blogs beauftragt – sie zu sichten lohnt, aber sie kritisch zu prüfen ist Journalistenpflicht. Der Blog-Redakteur der *Washington Post* sagt es schärfer: «Die Masse der Bürger entwickelt sich von ‹einigermaßen informiert› zu ‹völlig uninformiert›. Menschen, die nicht Zeitung lesen oder Fernsehnachrichten hören, sind die Verlierer.»

Dem setzte ein «Internet-Manifest» von 15 deutschen Bloggern und Journalisten 2009 die Behauptung entgegen: «Der einzelne Mensch kann sich so gut informieren wie nie zuvor.» Dies ist doppelt falsch: Er *kann* eben nicht, wenn nicht Journalisten klassischen Stils den Mahlstrom der Blogs und *tweets* sichten und gewichten.

Und viele, die mit dem Internet groß geworden sind, *wollen* die Information im herkömmlichen Sinn gar nicht mehr: Sie suchen «keine umfassenden, sondern nur sie betreffende Informationen» *(Frankfurter Rundschau)*, und unter «gut informiert sein» verstehen junge Internet-Nutzer überwiegend, «dass sie wissen, was ihre Freunde im Netz gut finden» *(Süddeutsche Zeitung)*.

Den richtigen Weg hat der Chefredakteur der *Deutschen Presse-Agentur*, Wolfgang Büchner, aufgezeigt: dpa müsse in Zukunft nicht nur die Texte seiner Korrespondenten sichten, sondern auch das Web. «Es ist ein Traum, wie viel Material uns dort zur Verfügung steht!», sagte er. Aber ebendiese neue Welt aus Facebook, Blog und Twitter «braucht Menschen, die Ordnung schaffen: uns Journalisten».

So rücken Internet und Zeitung, die Amateurschreiber und die Profis enger zusammen. In der Art zu schreiben könnten sie sogar voneinander lernen: die Journalisten etwas lockerer, origineller, unbürokratischer – die Generation Internet drastisch mehr um Sprach-Ökonomie bemüht –, beide verbündet in dem Wissen: Mit links läuft gar nichts, ein bisschen Mühe muss sein, gelesen zu werden ist die Kunst aller Künste.

29
Wo wird gelesen?

O ja: in Zeitungen und Zeitschriften immer noch mil-
lionenfach – obwohl engagierte Online-Nutzer sie als die
«Holzmedien» verspotten. Doch soweit die Spötter *Nachrichten* lesen, haben sie's mit einer Mischform zu tun: der
elektronischen Übermittlung von Informationen, die von
Journalisten aufbereitet worden sind und weithin den Gesetzen des klassischen Journalismus folgen.

Inwieweit und wie lange noch der Print-Journalismus
sich gegen den Online-Journalismus behaupten kann, ist
die Frage, die Medienkritiker und Verleger umtreibt. Vor
diesem Hintergrund lohnt es sich, die Zukunftschancen
jener Medien abzuwägen, in denen Berufsschreiber tätig
sind: Journalisten und Öffentlichkeitsarbeiter vor allem.
Von denen darf man sagen, dass sie im Durchschnitt lesbarer schreiben als Beamte, Wissenschaftler und Laien
(die Mehrzahl der Blogger also auch). Doch das hilft ihnen
nur bedingt.

Denn ob ein Text seine Leser findet, wird allenfalls zur
Hälfte von seiner Qualität gesteuert; mindestens ebenso
nachhaltig entscheidet darüber das Medium, in dem er
verbreitet wird. Woraus folgt: Je ungünstiger das Medium,
desto mehr Arbeit ist nötig, wenn man trotzdem gelesen
werden will. Betrachten wir die Medien unter diesem
Aspekt in aufsteigender Reihe, vom schwierigsten zum
günstigsten.

Die geringste Wahrscheinlichkeit, auf Interesse zu stoßen, bieten *Kundenzeitschriften* und Werbehefte, die aus
der Zeitung fallen oder den Briefkasten verstopfen. Sie

sind wahrscheinlich durch Optik eher als durch Sprache zu retten. Etwas leichter haben es *Prospekte*, jedenfalls dann, wenn man sie einer Auslage entnimmt und damit ein Basisinteresse bewiesen hat.

Auch *Mitarbeiterzeitungen* werden nur selten in froher Erwartung begrüßt. Zwar läuft ihnen eine gewisse Grundbereitschaft voraus; aber sie haben gegen das Misstrauen anzukämpfen: «Na, was die da oben uns wieder verkaufen wollen», und überwiegend sind sie dürftig (ein Urteil, das ich mir in Kenntnis der Produkte von etwa 300 deutschsprachigen Unternehmen zutraue).

Meist stehen die Redakteure unter dem Druck, sich von den «Experten» korrigieren lassen zu müssen oder eine Botschaft des Chefs auch dann zu drucken, wenn sie sich eines gequälten Fachjargons bedient (ein Beispiel in **15**). Der Rat kann da nur lauten: Versuchen Sie, dem Chef klarzumachen, dass *Sie* sich im Besitz der Mittel wüssten, wie man seinem großartigen Anliegen zu noch mehr Lesern verhelfen könnte.

Mitgliederzeitschriften (von den Gewerkschaften, von den Automobilclubs) können einerseits eine gewisse Sympathie erwarten, kranken aber andrerseits daran, dass man sie umsonst bekommt: Sie sind im Mitgliedsbeitrag enthalten. So können sie für Anzeigen weit weniger berechnen als *Spiegel* oder *Stern*, obwohl sie zum Teil erheblich höhere Auflagen haben; die Inserenten kennen den Unterschied im Grad der Zuwendung.

Die *Pressemitteilungen* der PR-Abteilungen von Unternehmen, Parteien, Verbänden bedienen sich manchmal guter, manchmal herzlich schlechter journalistischer Mittel. Sie wollen zunächst einem Zeitungsredakteur gefallen; haben sie diese Hürde genommen, werden sie also gedruckt, so heißt das noch keineswegs, dass sie auch gelesen werden: Viele Redakteure, die sich für den Abdruck entscheiden, tun dies teils aus Zeitnot, teils aus Bequemlichkeit, teils, weil sie ihrerseits die Voraussetzungen des Gelesenwerdens zu wenig kennen.

Überdies quellen Pressemeldungen oft über von mehr Zahlen, als viele Leser konsumieren wollen, und von Fachwörtern, die selbst im Wirtschaftsteil der *FAZ* nicht immer gut aufgehoben sind: Den lesen ja nicht nur Manager, sondern auch Handwerksmeister.

Der *Online-Journalismus* hat sich zum ernstlichen Rivalen der Tageszeitung emporgearbeitet, und in den USA wie in Deutschland gibt es Prognosen, dass er in zwanzig Jahren der Zeitung den Garaus gemacht haben werde. Doch offen bleibt die Frage, wie er sich finanzieren soll – da die Werbung, von der die Zeitung im Durchschnitt zur Hälfte lebte, nicht mitgezogen ist.

Aktuelle Nachrichten in einem angesehenen Dienst wie *Spiegel Online* bieten eine vorzügliche Lesechance – nur selten aber über den Anreißtext (den *Teaser*) hinaus. Probehalber mit der Lektüre eines Artikels zu beginnen und rasch wieder aufzuhören, ist zwar auch für den Zeitungsleser typisch; das bloße Drüberhuschen aber auf dem Bildschirm weit häufiger und ein behäbiges Im-Sessel-Lesen unmöglich.

Doch unaufhörlich *sinkt* die Zahl der Menschen, die noch bereit sind, mehr als die Häppchen, die Fetzen zu lesen, die sie vom Computer gewöhnt sind – sich also vier, sechs, acht Minuten auf die Lektüre eines Textes einzulassen, wie brillant er auch geschrieben wäre.

Die höchste Lesequote erreichen gutgemachte *Zeitschriften*. Viele, weil sie und nur sie ein Spezialinteresse bedienen oder es verstanden haben, ein Lebensgefühl einzufangen. Soweit sie aktuell sein wollen, müssen sie aus ihrer Not eine Tugend machen, und einige haben das geschafft: Sie kommen immer zu spät – sie können also nur bestehen, indem sie das Besondere finden, das eine Woche Bestand hat.

Werden die Magazine noch dazu überwiegend *nicht* im Abonnement vertrieben, müssen sie also allwöchentlich Hunderttausende von Kaufentschlüssen provozieren wie *Spiegel* und *Stern*: Dann folgt daraus ein beständiges Ringen *aller* um den besten Stoff in der besten Form; weit intensiver, als das in Tageszeitungen üblich ist.

Das Engagement, mit dem da um Qualität gerungen wird – es ist zugleich ein Signal für alle, die sich zum Wettlauf um den Leser rüsten wollen: Hier finden sie besonders viele Vorbilder.

Satzverhau zerhacken!
Aus den «Textstandards» von *Spiegel Online*

Vor dem Schreiben klären: Was ist meine Geschichte? Was ist der *Spin* (der «Dreh») des Textes? Dem ordnet sich alles unter.

Der *Teaser* hat maximal 270 Zeichen. (Dazu hier Rezept **2**.)

Sätze in der Regel ohne Einschübe. Bei Nebensätzen auf Verständlichkeit achten. Satzverhau zerhacken!

Verboten: zeitliche Einstiege (nach – vor – seit), Nebensatz-Einstiege (während – weil).

Anglizismen / Fremdwörter ersetzen.

Abgenutzte Sprachbilder sind verboten.
(Beispiele in Rezept **14**.)

Weg mit Beamtendeutsch!
(«Kritik üben», «Maßnahmen ergreifen».)

Sich selbst misstrauen. Zwei Minuten Abstand vom Text nehmen. (Zumal hierfür ein Bravo des Verfassers.)

UNTERSCHIEDE –
NACH DEM ZWECK:

30
Die nackte Information

Was haben sie gemeinsam: Reise- und Wanderführer, Gebrauchsanweisungen und Steuerrichtlinien, Gesetze und Verordnungen, Brockhaus und Wikipedia, Protokolle von Vorstandssitzungen und Gerichtsverhandlungen? Sie brauchen – anders als das meiste, was geschrieben wird – um Interesse nicht zu buhlen. Sie werden befragt und benutzt. Nicht um Lesevergnügen geht es, sondern um effiziente Kommunikation.

Korrekt bis aufs i-Tüpfelchen also müssen solche Texte sein, sachbezogen ohne Schnörkel, unmissverständlich – und leicht verständlich für alle, die es angeht; außer bei den Protokollen also *für jedermann*. Für Gesetzestexte ist «Leichtverständlichkeit» eine vergebliche Forderung. Für alle anderen heißt es:

1. Das Gemeinte wird hartnäckig mit dem immer selben Wort versehen. Stehen mehrere Wörter zur Auswahl, so wird das bekannteste, das einfachste, das konkreteste gewählt. Alsdann ist *jedes Synonym absolut verboten* – zumal für die Hauptsachen, die behandelten Gegenstände, die zu verrichtenden Tätigkeiten, die handelnden Personen (Steigerung des Rezepts 11).

2. Geschwätzigkeit, *schlechte Redundanz* also, verbietet sich besonders dringend (5). Die *gute* Redundanz der Beispiele und Vergleiche (6) sollte nur zugelassen werden, wo sie die Verständlichkeit erleichtert; dazu allenfalls ein bisschen Schwärmerei im Reiseführer.

3. Die *Hauptsätze* (18) dominieren noch mehr als anderswo. Auf die Satzmelodie (22) braucht keine Rücksicht

genommen zu werden. Auch bestehen Gebrauchsanweisungen und Reiseführer aus Handlungsanweisungen oder -vorschlägen, und für Handlungen sind die Nebensätze sowieso nicht da (17).

4. Beschreibt eine Gebrauchsanweisung sogar klare Handlungsschritte, so empfiehlt sich die entsprechende optische Gliederung: 1 Schritt = 1 Satz = 1 Absatz. So allemal auf einem Feuerlöscher.

Es ist erstaunlich, mit welcher Selbstverständlichkeit die Autoren solcher Texte derart plausible Vorgaben ignorieren. «Nach Entfernung der Lasche …» Nein! Handlungsschritt: Lasche entfernen. Im Alpenvereinsführer: «Nach Durchkletterung eines mäßig schweren Kamins …» Nein! Handlungsschritt: Kamin durchklettern. Keuchende Bergsteiger sollen sich da im Schein einer Taschenlampe informieren können!

Auf eine ähnliche Gleichgültigkeit gegenüber dem Nutzungszweck stößt man in den meisten *Protokollen*. Ihren juristischen Zweck können sie in jeglichem Satzbau erfüllen; einen Informationszweck aber haben sie häufig auch (einen zurückliegenden Sachverhalt zu rekonstruieren zum Beispiel oder ein Vorstandsmitglied, das in Urlaub war, nachträglich in Kenntnis zu setzen).

Dieser Zweck aber ist den meisten Protokollführern offenbar egal. Sie haben sich, über ein zumeist herzliches Verhältnis zum Schachtelsatz hinaus, ein merkwürdiges Korsett verpasst: Alle Hauptsachen sind in lange Nebensätze abgeschoben («Herr Dr. Meyer teilt mit, dass … Herr Prof. Müller fragt, wie … Herr Schulze möchte wissen, ob …».) Und in den Nebensätzen hagelt es dann die Konjunktive der indirekten Rede – meistens korrekt, aber überaus ermüdend: Es habe, man müsse, er sei, man solle doch.

Wer ein Protokoll im Hinblick auf spätere Nutzer schreibt und ihnen das Leben nicht unnötig schwermachen will, der bediene sich stattdessen der Drehbuchtechnik: «Dr. Meyer: Ich bin ...» «Prof. Müller: Wo bleibt ...?» Dass es sich dabei, wie ohnehin üblich, nicht um Zitate handelt, sondern um die in indirekter Rede üblichen Verkürzungen – das lässt sich durch einen Vorspruch klären: «Wörtliche Zitate stehen in Gänsefüßchen.»

Freilich, damit könnte man gegen das Protokoll verstoßen (in des Wortes anderer Bedeutung). Und man hätte seine Sätze einer klaren Zielvorstellung untergeordnet. Das ist nicht üblich. Wo nicht das schiere Geschwätz regiert, da wollen wir unsere akademisch-bürokratischen Ideale pflegen. Nichts in allem Geschriebenen ist eben seltener als diese drei:

- der klare Wille zur fairen Information,
- die Kenntnis der Mittel, die es dafür anzuwenden gilt,
- die Bereitschaft, in die Anwendung dieser Mittel Ehrgeiz und Zeit zu investieren.

Wie grotesk, wie arrogant man einen Informationsauftrag verfehlen kann, um an seine Stelle das Imponiergehabe der Allwissenheit und der grammatikalischen Artistik zu setzen – dafür gleich ein Beispiel nahe am Weltrekord.

«Liebe» – zum Abgewöhnen

Die 30-bändige Brockhaus-Enzyklopädie von 2006 widmet dem «Schlüsselbegriff Liebe» sechs Seiten – eine Fundgrube akademisch überzwirbelten Sprachgebarens. Darin heißt es:

«Sowohl die Vielzahl der Deutungsmuster als auch deren Unzulänglichkeit, Liebe zu definieren, verweisen auf den grundlegenden anthropologischen Sachverhalt, dass es sich bei Liebe – ebenso wie bei anderen dem Menschen eigenen Fähigkeiten und Handlungsmustern – um ein komplexes und ambivalentes Produkt der Evolution handelt, das sich im spezifischen Sinne erst in Überschreitung der jeweils natürlichen (zum Beispiel biologischen) Gegebenheiten konstituiert und sich erst im Zuge der Naturdistanzierung die Maßstäbe und Bestimmungsgründe der eigenen Verhaltensmuster schaffen konnte. In einem Prozess wechselseitiger Beeinflussung, Behinderung und Steigerung ermöglicht dabei das Bestimmungs- und Verhaltensmuster *Liebe* dem Menschen eine reflexive Identitätsfindung durch die Ausbildung und (partielle) Erfahrung dauerhafter gefühls- und erfahrungsgeleiteter positiver …»

Genug. Weitere 19 Wörter in diesem Satz, zusammen 50. Der erste Satz besteht aus 74 Wörtern. Von diesen entfallen 56 auf einen angehängten Nebensatz *(dass es sich …)* mit einer Parenthese von 10 Wörtern *(ebenso wie …)* und einem angehängten Unternebensatz *(das sich im spezifischen …)* von 32 Wörtern.

«Liebe ist ein ambivalentes Produkt der Evolution, oft definiert – und meistens unzulänglich.» So etwa hätte man anfangen können. Gespräch am Frühstückstisch: «Was tust du gerade?» «Stör mich nicht – ich grüble, ob das Bestimmungs- und Verhaltensmuster *Liebe* auch mir eine erfahrungsgeleitete Identitätsfindung ermöglicht.»

31
Doktorarbeit und Bewerbung

Für die Doktorarbeit ist die Zielvorstellung klar: Sie braucht einen einzigen Leser, der immer bis zum Schluss liest; er hegt bestimmte Erwartungen, und die kennen Sie. Es wäre also völlig verfehlt, für ihn so zu schreiben, als wenn Sie auf eine möglichst große Zahl von unbekannten Lesern zielten, wie Journalisten, Blogger, Öffentlichkeits-arbeiter, Sachbuch-Autoren das tun.

Und so lautet die ziemlich einfache Generalregel für Diplomarbeiten (ähnlich wie für den Schulaufsatz): Ignorieren Sie das meiste, was die Rezepte 1 bis 23 dieses Buches Ihnen empfohlen haben. Deren gemeinsame Überschrift («Was für alle Texte gilt») bedarf insofern einer Einschränkung: für alle, die *möglichst viele* Leser suchen und nicht nur einen.

Sie beginnen also gerade nicht «feurig», Sie fallen nicht mit der Tür ins Haus. Der Deutschlehrer verlangt die «Einleitung», der Professor eine Übersicht über Ihr Vorhaben mit den Fragen, die Sie im Lauf der nächsten hundert oder zweihundert Seiten zu beantworten versprechen. Sie verwenden natürlich alle erreichbaren Fachausdrücke (und für die sind dann Synonyme, Rezept 11, wirklich unerwünscht).

Auch abseits dieser Termini ist der Verständlichkeits-grad entweder kein Kriterium oder ein negatives. Den schieren Hauptsätzen ziehen Sie die Hypotaxe vor (18). «In der Form zu journalistisch»: Dieser Kommentar stand unter den Dissertationen, die mir ein Dutzend Journalisten gezeigt hat. Die Fronten sind also klar.

Die *Bewerbung* liegt dichter am allgemeinen Schreib-
ideal. Sie zielt zwar auch nur auf einen Leser, aber meistens kennen Sie den nicht, und dem typischen Leseverhalten sind Personalchefs meist ziemlich nahe: Zu Ende zu
lesen fühlen sie sich nicht verpflichtet, und wenn sich auf
ihrem Tisch hundert Bewerbungen türmen, sind sie geradezu dankbar für frühe Signale, dass *der* Bewerber sowieso
nichts taugt.

Noch wird ein großer Teil der Bewerbungen per Post
verschickt. Dann liegen die Unterlagen in einem Schnell-
hefter mit durchsichtiger Hülle – der *Bewerbungsbrief*
obenauf, als Blatt 1 fest eingeheftet (nicht als extra kuver-
tiertes «Anschreiben», das ist 19. Jahrhundert). Per Mail
wird der Vorgang als *Anhang* versandt; der Lebenslauf unbedingt mit eingescanntem Foto. Ein Brief mit einge-
scannter Unterschrift fällt angenehm auf.

Wie Sie überhaupt schon mit der Optik des Briefes für
sich werben sollten. Er habe drei Absätze (ein altes typo-
graphisches Gesetz) mit je vier oder fünf Zeilen, in der
Zeile maximal 60 Zeichen – insgesamt also drei kleine
Textinseln in einem weißen See. Für den Empfänger ist
das vor aller Lektüre das Signal: Der ist kein Schwätzer,
der weiß, dass ich weder Zeit noch Lust zum Lesen habe!
(Die anderen schreiben hässlich voll von links bis rechts,
und manche genieren sich nicht, eine zweite Seite zu be-
anspruchen.)

Der *Lebenslauf* sollte ebenfalls nur eine Seite haben. Er
ist tabellarisch und im Telegrammstil abgefasst. Ein Da-
tum für Ausbildungs- und Berufsstationen kommt nicht
vor, Monate genügen. Auslandsaufenthalte von weniger
als einem Vierteljahr sind nicht der Erwähnung wert.
Wenn Sie behaupten, eine Sprache perfekt zu sprechen,

müssen Sie das begründen. Wenn Sie sich in Kiel bewerben, sollten Sie nicht «Segeln» als Hobby nennen – dann glaubt man Ihnen nicht, dass Sie sich für das dortige Unternehmen interessieren.

Ihre *Eltern* werden nicht erwähnt: Seit dem Untergang der DDR will das keiner mehr wissen. Es könnte sogar Nachteile haben: «Vater: Arbeiter» klingt, als wollten Sie sich mit Ihrem sozialen Aufstieg brüsten; vor einem Vater am Oberlandesgericht wiederum haben manche Vorgesetzte Angst.

Dringend vermeiden, auch im Lebenslauf, sollten Sie jeden Anflug von Geschwätzigkeit. Nicht «Ablegen der Reifeprüfung» oder gar «Erlangung der Hochschulreife», sondern *Abitur*; nicht «Studium der Rechtswissenschaften an der Ludwig-Maximilians-Universität in München», sondern *Jura in München* (und in München kann das woanders unmöglich gewesen sein).

Baut man den Lebenslauf chronologisch auf (wie früher selbstverständlich) – oder fand Ihre Geburt erst in der *letzten* Zeile statt, wie in Amerika gefordert? Journalistenschüler in den drei deutschsprachigen Ländern haben sich 2009 etwa je zur Hälfte so oder so entschieden. Die Befürworter des antichronologischen Lebenslaufs machen geltend: Was ich *jetzt* treibe, das will der Empfänger *zuerst* wissen – damit also muss ich anfangen. Die Gegner sagen: Das Wichtigste steht doch bitte sowieso im Brief, und obendrein muss das Jüngste durchaus nicht das Wichtigste sein: Vielleicht habe ich ja in Berkeley Mikroelektronik studiert und jobbe zurzeit als Aushilfskellner.

Und der *Brief*, das erste Blatt? Bewerbungen, bei denen ich selber die zweite Zeile nicht mehr gelesen habe, begannen mit «Nach Überwindung einer Identitätskrise …»

oder «Indem ich nunmehr …» Ihre Sätze müssen schlicht sein und rote Backen haben.

Im ersten Absatz formulieren Sie das Bestmögliche über sich selber, im zweiten nennen Sie Ihre wichtigsten Ausbildungs- und Berufsstationen, im dritten erklären Sie, warum Sie für die ausgeschriebene Stelle besonders geeignet sind (bei Blindbewerbung: warum es Sie gerade zu dieser Firma zieht).

Ein Grenzfall – der Rat der Werbeagentur Jung von Matt: «Fall auf! Wenn alle Zig machen, mach Zag.» Wo man Originalität erwartet, ist das ein guter Rat; bei Behörden und in manchen Unternehmen aber sucht man eher den angepassten als den cleveren Bewerber. Dieselbe Agentur hatte ja eine Vorstellung in 160 Zeichen erbeten (S. 20), und die Bewerbung per Twitter ist im Kommen – jedenfalls in der unverbindlichen Form, 140 Zeichen über die eigenen Pläne und Fähigkeiten vorsorglich ins Netz zu stellen.

Den Brief sollten Sie mindestens dreimal umschreiben, mindestens eine Nacht liegen lassen und mindestens viermal laut lesen. Gegenleser sind hochwillkommen – zumal wenn sie vom Typ her dem wahrscheinlichen Personalchef ähneln: einem Menschen über 40, und der ist immer noch wahrscheinlicher ein Mann.

Solche Leute achten meist auf Grammatik, Rechtschreibung und Zeichensetzung; ein einziger Verstoß in der zweiten Zeile kann Sie aus dem Rennen werfen. (Eventuell also einen Deutschlehrer zu Rate ziehen.) Unter den Unbekannten, für die Sie *normalerweise* schreiben, sind die Freunde des korrekten Deutsch vielleicht eine Minderheit – aber eine sehr interessante. Und wer wollte die verärgern?

«Fleckenoptionen» – zum Liebhaben

Dass man Leser werben, umwerben muss, um sie zu gewinnen, ist die Grundvoraussetzung dieses Buches. In noch höherem Grade müsste es die Basis aller *Werbung* sein: des milliardenschweren Wirtschaftszweiges, der sich, trotz Bild und Werbe-Spot, immer noch überwiegend der Worte bedient, um dem beworbenen Produkt die Käufer zuzuführen.

Überraschend häufig ist dabei wenig Sprachgefühl im Spiel – auch Menschenkenntnis nicht. (Beispiele aus je einem Heft von *Spiegel* und *Stern*.)

Hemmungsloser Nominalstil (**17**): «5000 Jahre Zivilisation waren die einzig notwendige Voraussetz**ung** für die Glorifizier**ung** der olympischen Götter und zur Errich**tung** einiger der schönsten christlichen Kirchen» (Griechischer Tourismusverband)

Hohle Adjektive (**10**): «Erleben Sie dank der *exklusiven* und *patentierten atmungsaktiven* Systeme ein *neues* Wohlgefühl.»

Null-Aussage im Eierkuchen-Stil (**14**): «Bestimmte Einfluss-Faktoren, auch körperliche Aktivitäten, können Sodbrennen auslösen.» Oder: «Die Buchreihe liefert Ihnen umfassendes Know-how zu allen zentralen Aspekten des Themas Innovation.»

Nie wäre man darauf gekommen: «Dank intelligenter Technologie ist jede *Fleckenoption* auf die Entfernung einer Fleckenart spezialisiert.»

«Konnektiv» heißt verbindend – ungleich gefälliger aber klingt das Substantiv dazu: «Samsungs IFA-Highlight-Produkte bieten so viel Flexibilität und *Konnektivität,* dass beinahe unbegrenzte Verbindungswege möglich sind.»

Das waren ein paar Ausreißer. In der Mehrzahl sind Werbetexte bemerkenswerte Muster dafür, wie sich in ein Minimum an Silben ein Maximum an Sinn pressen lässt. Im Durchschnitt 2 Sekunden lang betrachtet ein Blätterer eine Zeitschriften-Anzeige: 1 Sekunde oder mehr für das Bild, 1 Sekunde oder weniger für den Text. 1 Sekunde reicht, um 2 Wörter zu lesen (falls sie nur 4 Silben haben). Da ist hohe Kunst gefragt.

32
Ans Werk!

Nach den Sonderfällen Diplomarbeit, Bewerbung, Lexikon, Gebrauchsanweisung kehren wir am Schluss zurück zum Zweck aller Zwecke: Mit welchen Mitteln lässt es sich in dem unbequemen Medium «Text» und in einer Zeit uferloser Wort-Inflation erreichen, dass die Leute, auf die man zielt, *alles verstehen können und alles lesen mögen*, was man geschrieben hat? Wie lässt sich gar Wirkung erzielen? Wie stiftet man Sympathie?

Vieles muss ich *unterlassen*, wenn ich meine erhofften Leser nicht verscheuchen will: verschachtelte Sätze, aufgetakelte Begriffe, Binsenweisheiten, Geschwätz. Vieles muss ich *bieten*: Überraschung, Feuer, konkrete Wörter, schlanke Sätze, Lesefluss. Und: «Wer im Orkan gehört werden will, muss sich kurz fassen» – der Schweizer Essayist Walter Muschg hat das gesagt.

Wo aber bleibt bei alldem der eigene Stil – der Ausdruck der Persönlichkeit? Hier gilt es, eine Rangordnung aufzustellen. Ziemlich jeder Schreiber geht davon aus, dass er die Regeln der Grammatik zu respektieren hat (Lyriker und Rapper ausgenommen), und zumeist empfindet er das *nicht* als Korsett. Dieses Buch lädt ihn ein, sich zusätzlich den hier dargelegten Gesetzen der Verständlichkeit und Regeln der Attraktivität zu unterwerfen.

Für ein Quantum eigenen Stils lässt das durchaus Raum – zumal wenn der Schreiber die Originalität weniger in Satzbau und Wortwahl als vielmehr im richtigen Einfall sucht. Übers Essen zum Beispiel ist vielerlei geschrieben worden – zweimal aber so:

Ein Ungar in der Fremde ist laut Vorschrift aller besseren Operetten ein unglücklicher Ungar, der ohne Unterlass in seine Gulaschsuppe weint, wobei ihm ein Stehgeiger gegen überhöhtes Trinkgeld behilflich ist. *(Essen & Trinken)*

Und Anthelme Brillat-Savarin redete 1825 in seiner «Physiologie des Geschmacks» Adam und Eva an wie folgt:

Ihr, das erste Elternpaar der Menschheit, die ihr euch und uns für einen Apfel ruiniert habt – was erst würdet ihr für einen getrüffelten Truthahn getan haben?

Wo aber der Stilwille der Lesbarkeit in die Quere kommt – da muss der Schreiber sich entscheiden: Will ich Gebrauchsprosa liefern oder Literatur? Und wenn diese: Muss das in eigenwilliger, hochgestochener Sprache geschehen – eincr anderen also als der von Kafka, Brecht und überhaupt der Mehrzahl aller großen Schreiber deutscher Sprache?

Auch in der Wort-Orgie der «Blechtrommel» haben simple Sätze Platz wie dieser: «Wenn Jesus einen Buckel gehabt hätte, hätten sie ihn schwerlich aufs Kreuz genagelt.» Und selbst eine so verschlüsselte Lyrik wie die von Paul Celan kommt mit vordergründig schlichten Wörtern aus: «Ein Wort noch wie dies, und die Hämmer schwingen im Freien.»

Falsch machen also kann man gar nichts, wenn man sich an die hier zusammengestellten Rezepte hält. Selbst Professoren, die nur Satzlabyrinthe für den angemessenen Ausdruck ihrer geistigen Höhenflüge halten, fühlen sich durch klare Sätze effizienter informiert als durch das, was sie zu schreiben lieben. Vielleicht sinkt ja die Zahl der Menschen, die noch Spaß an klaren Gedanken in schön dahinströmenden Sätzen haben – aber geben wird es sie immer. Die Ungeduld gegenüber allzu behäbigen Sprachprodukten mag auch bei ihnen wachsen. Aber ein fröhliches Ja zu solcher Ungeduld liegt ja dem ganzen Buch zugrunde.

Wörter können fliegende Boten zu den Augen, zu den Ohren, zu den Hirnen, zu den Herzen der Leser sein. Flügel freilich müssen wir ihnen selber machen.

Ans Werk!

Namen- und Sachregister

Wörter, die im Text analysiert werden, sind *kursiv* gesetzt

abgesehen davon 65
Absätze 142, 146, 172
abstrakte Sprache 22–26
  s. auch konkrete Wörter
Abtönungspartikel 30f
Adenauer, Konrad 71
Adjektive 58, 67–72, 99, 106,
  175
akademischer Jargon s. Wissen-
  schaftsjargon
Alphabetisierung 35
Aktivitäten 90f, 175
Amerikanismen s. Anglizismen
Amtsdeutsch s. Bürokraten-
  jargon
andenken 64
Anekdoten s. Rede, Wortwitz
Anfang (die Kunst des)
  13–21, 42f, 49, 140–142,
  146, 161, 163, 171, 173f
Anlizismen, Anglomanie
  82–86, 98, 100, 163
Anmoderation s. Anfang
Anschaulichkeit s. Bilder und
  Vergleiche, konkrete Wörter,
  Pars pro Toto
Anti-Aging 83
Arbeit (ohne sie kein guter
  Text) 9f, 49, 62, 136, 158,
  169

Atem, Atemsyntax 128, 131,
  136 s. auch Satzlänge,
  lesen:hören
attraktive Sprache s. Lese-
  vergnügen
Attribute, vorangestellte
  106–108, 120, 132
Aufgabenstellung 55
Aufmerksamkeit s. Anfang
aufoktroyieren 64
Auftragskommunikation
  s. Kommunikation (2)
Aufzählung 115
Ausdrucksstellung 125f
ausmerzen 81
Backwaren 22, 27, 49
Baker, Russell 15
Ballhausplatz 75
Bäuerin 79
Beethoven, Ludwig van
  135
Befindlichkeit 49, 54, 97
beinhalten 65
Beispiele s. Bilder und
  Vergleiche
«Beobachter» (Zürich) 18
Berufsschreiber s. Journalisten,
  Öffentlichkeitsarbeiter
Bewerbung 44, 62, 146,
  172–174, 177

Bibel (Sprache der) 10, 26, 28, 101, 109, 152 s. auch Luther
Biermann, Wolf 71
Bilder und Vergleiche 38–43, 46–49, 141
Binsenweisheiten 15f, 43, 177
Blog 9f, 13f, 22, **36**f, 42, 44, 49, 52, 62, 87, **148–159**, 171
Böll, Heinrich 58, 118
Bonmots s. Rede, Wortwitz
Bosheit 16, 44f, 142f s. auch Wortwitz
Brautpaar 81
Brecht, Bert 10, 28, 32, 118, 132
breitärschig 71
Briefe 9, 13, 17, 62, 144–147
Brillat-Savarin, Anthelme 178
Brockhaus-Enzyklopädie 111–115, 167, 170
Broder, Henrik M. 154
Buchdruck 35
Büchner, Georg 118
Büchner, Wolfgang 157f
Bürokratenjargon 9, 22, 24, 59f, 65, 69, 71, 78, 96f, 100, 159, 163
Busch, Wilhelm 87
Buschheuer, Else 151
Bush, George W. 46
Casanova 39f
Celan, Paul 178
Churchill, Winston 53f
Clemenceau, Georges 68
Clinton, Hillary 16, 55
cluster 84f
Cocteau, Jean 14

Computerjargon 83
Deutsche Akademie für Sprache und Dichtung 84
Deutsche Post 84
Deutschlehrer 9f, 19, 51, 67, 73, 77, 103, 120, 171, 174
Diaghilew, Sergej 14
Dichter s. Goethe, Heine, Schiller
Diplomarbeit 13, 19, 44, 171, 177
Diskussion 139, 143 s. auch Rede
dislozieren 65
Disziplin s. Arbeit
Doktorarbeit 13, 19, 44, 171, 177
Domstadt 73
«doppelt gemoppelt» 70
Downsizing 82
dpa (Deutsche Presse-Agentur) 40, 157
Duden 56, 64, 80f, 93 s. auch Grammatik
Dynamik s. Lesefluss, Verben
«Economist» 54
effiziente Kommunikation s. Verständlichkeit
Eichendorff, Joseph v. 71
Eierkuchen 87–95, 175
Eigenschaftswörter s. Adjektive
eigentlich 30
Einflussnahme 56
Einleitung s. Anfang
Einschübe s. Nebensätze, Attribute, Parenthese

Einschüchterungsjargon
s. Juristenjargon, Wissen-
schaftsjargon
Einsilber 53–55, 99, 108, 118
s. auch Wortlänge
Einsteigevorgang 56
Einstieg s. Anfang
Einwohnermeldeamt 81
Elevator Check 17 s. auch
Anfang
Ellipse 130
elterlich 69
Endlösung 81
Englisch 83f, 124 s. auch
Anglizismen
Erpresserbriefe 13
erster Satz 13–17, 20, 42f,
s. auch Anfang
Erwartungen, unbefriedigte
25f
Erzähltechnik 32, 35, 75f,
102, 142 s. auch mündliche
Rede
«Essen & Trinken» 178
Facebook 149, 158
Fachjargon s.
– Bürokratenjargon
– Feuilletonjargon
– Juristenjargon
– Politikerjargon
– Wirtschaftsjargon
– Wissenschaftsjargon
s. auch Anglizismen
Familienbande 45
feministischer Sprachgebrauch
78–81
Feuer s. Lesefluss

Feuilletonjargon 49, 52, 54,
97f, 151
Flesh, R. A. 118
Flickwörter 30f. 42, 49, 67,
136
Floskeln s. Redensarten,
Modewörter, Redundanz
(ärgerliche)
Fokus, fokussieren 56, 91
frachtbriefmäßig 71
«Frankfurter Allgemeine» 18,
26, 43, 72, 97, 106f, 126,
140, 154, 161
«Frankfurter Rundschau» 155,
157
Frankl, Victor 72
Fremdwörter s. Anglizismen,
Wissenschaftsjargon
Friedrich der Große 110
Frontlinie 56
Füllwörter 30f, 42, 49, 67,
136
Gaarder, Jostein 39
«Gala» 124
Gandhi, Mahatma 109
Gebet 35
Gebrauchsanweisungen 32,
44, 52, 75, 167f, 177
Gedichte 45, 61, 67, 109, 113,
118, 122, 130
Gefährdungspotenzial 56
Geflügel 26
Gegenwart (Definition) 113
Geisteswissenschaften
s. Wissenschaftsjargon
Gender 78f
generieren 65

«Geo» 41

Germanisten s. Deutschlehrer, Wissenschaftsjargon

Geschwätz s. Redundanz (ärgerliche)

Geschwister 81

Gespräch 32

Gewittersturm 85

Gleichnis 47 s. auch Bilder und Vergleiche

Goethe, Johann Wolfgang von 10, 62, 67f, 71, 88, 118, 125

Grammatik (muss sein – genügt nicht) 9, 43, 51, 103, 111f, 120, 144, 146, 174, 177f

Grass, Günter 27, 178

Grundgesetz 108

Habermas, Jürgen 69

Haiku 152

Händedruck 114

«Handelsblatt» 148

Handy 20, 148

Haschisch 75

Hauptsätze 101–110, 132, 146, 167

Hausmitteilung s. Mail

Haustier 22, 27

Heine, Heinrich 10, 45, 61, 71, 109, 118

Hektik s. Mail, Ungeduld

Hemingway, Ernest 129

Herausforderung 90–92

Hilbig, Wolfgang 16

Hitler, Adolf 54

Hochhuth, Rolf 45

«Holzmedien» 159

hören s. lesen:hören

«Huffington Post» 156

Human Resources Department 84

Hypotaxe s. Nebensatz, Satzbau

Imperfekt 63

implementieren 65, 98

Imponierjargon s. Fachjargon

Information s. Kommunikation, Nachrichten, Verständlichkeit

Informationsdichte 38 s. auch Redundanz

Informationstheorie 33

Inhalte 92f

initiieren 66

Innovation 90, 92f, 98, 175

Internet s. Blog, Mail, Twitter, Facebook, MySpace, Online-Journalismus

Internet-Manifest 157

Interpunktion s. Satzzeichen

Inversion 123f s. auch Satzbau

irgendwie 30f

Ironie 44–48, 178

Johnson, Lyndon B. 45

Johnson, Uwe 126

Journalisten 9f, 13, 19, 24f, 49, 52, 57, 59, 62, 69, 74–76, 78, 87, 103, 109, **153–163**, 171

Jung von Matt 20

Juristenjargon 34, 52, 72, 137, 167

Kafka, Franz 10, 28f, 107, 118, 178

Kanzleistil s. Bürokratenjargon

Kästner, Erich 61, 110
Kennedy, John F. 139
Kessler, Katja 18
Kino 19f
Klartext 31
Kleist, Heinrich von 71
Komik, unfreiwillige 47f
   s. auch Wortwitz
Kommunikation
1. *Austausch* von Informationen, Verständigung 64, 153
   s. auch Verständlichkeit, Redundanz
2. In der Wirtschaft: *einseitige*
   Information im Dienst des
   Geschäftserfolgs
   – *externe* Kommunikation:
     s. Öffentlicheitsarbeiter,
     Werbung, Kundenzeit-
     schriften, Prospekte
   – *interne* Kommunikation:
     s. Mitarbeiterzeitung, Pro-
     tokoll (Unter «Austausch»
     fällt nur die Mail.)
kommunikativ 69f
kommunizieren 64
konkrete Wörter 22–26,
   41–43, 49, 53f, 99, 138, 141,
   177 s. auch Bilder und Vergleiche
Konnektivität 176
Kraus, Karl 45
Kreativität 25, 66, 90, 93
kreieren 66
Krieg 74
Krugman, Paul 16, 146
Kundenzeitschriften 13, 159f

Kurzatmigkeit s. Ungeduld
Kürze (Lob der) s. Redundanz
Kurzzeitgedächtnis 113f
Küstenlinie 56
Latein 126
laut lesen s. lesen:hören
Lautschrift s. lesen:hören
Lead s. Anfang
leben («Werte leben) 66
Lebenslauf (in der Bewer-
   bung) 172f
Leichtverständlichkeit
   s. Verständlichkeit
Lesbarkeit s. Verständlichkeit,
   Satzbau, Wortlänge
Leseanreiz s. Anfang
Lesefluss, Dynamik 59–62,
   120–122, 132, 138, 141,
   177–179 s. auch Satzbau,
   Satzzeichen
lesen:hören 35, 105, 122,
   127f, 131, **135–142**
Lesevergnügen s.
– Lesbarkeit
– Lesefluss
– Anfang
– Bilder und Vergleiche
– konkrete Wörter
– Pars pro Toto
– Redundanz (erwünschte)
Lessing, Gotthold Ephraim 77
Levetzow, Ulrike v. 71
Lichtenberg, Georg Chris-
   toph 71, 118f
Liebe 170
Liebesbriefe 13, 62
Lincoln, Abraham 55

Linguistik s. Deutschlehrer,
   Grammatik, Wissenschafts-
   jargon
Linksverbinderin 80
Literatursprache 117f, 177f
   s. auch Feuilletonjargon,
   Gedichte
Literaturwissenschaft
   s. Deutschlehrer, Wissen-
   schaftsjargon
lucky star 68
Luther, Martin 10, 29f, 32, 76,
   96, 118, 132, 148, 152
Luxemburg, Rosa 109
Lyrik s. Gedichte
Mädchenhändlerin 80
Magazine 159–162
Mail 9, 14, 16f, 52, 87,
   144–147, 149f
Mainmetropole 73
Manager s. Wirtschaftsjargon
Mann, Thomas 137
Marketingaktivitäten 90
Marketingjargon
   s. Wirtschaftsjargon
Mark Twain 44, 111
mausern, sich 48
Metapher 46–48 s. auch Bilder
   und Vergleiche, Redensarten
Meteorologen 22, 25
Microsoft Word 118
Migrationshintergrund 78
Mitarbeiterzeitung 25, 160
Mitgliederzeitschrift 160
Modewörter 57, 64–66,
   87–95, 100, 175
Morgenstern, Christian 148

motivational 69
Motivationsstrukturen 54
Multitasking 20, 145
mündliche Rede 31, 35, 42, 63,
   127f, **135–137,** 139 s. auch
   lesen:hören, Rede
Muschg, Walter 177
MySpace 149
nach 120f, 163
mundal 69
Nachrichten 44, 154–159 s.
   auch Journalisten, Zeitung
nachvollziehen 64f
neben 120f
Nebensätze 97, **101–109,** 115,
   119f, 123–125, 132, 142,
   163, 168, 170f
– ärgerliche 97, 102–104, 142,
   163
– schöne 105–107, 109, 115,
   119
– befreiende 106f, 115
– angehängte 101, 104f, 119,
   123, 132, 170
– eingeschobene 102f, 120,
   132, 170
– vorangestellte 97, 101, 124f,
   132
Netzwerk 85
«Neue Zürcher Zeitung» 19,
   52, 125
«The New Yorker» 18
«New York Times» 16, 157
nicht nur – sondern auch
   130f
Niederschläge 22
Nietzsche, Friedrich 38

Nominalstil s. Satzbau, Substantive

Nordic Walking 83

Obama, Barack 16, 18, 51, 55, 139

Oberbegriffe s. abstrakte Sprache, Kommunikation

Objekt (Stellung des) 123–125

Öffentlichkeitsarbeiter, PR 9, 13, 24, 47, 49, 52, 69, 78, 87, 89, 109, 148, 152, 159–161, 171

Ohr, inneres s. lesen:hören

Online-Journalismus 15, 20, 36f, 66, 87, 159, 161–163

Palette 93f

Papier (als Medium) s. Briefe, Zeitung

Paradigmenwechsel 54, 151

Parataxe s. Hauptsatz, Satzbau

Parenthese 170

Pars pro Toto 23, 26–29

Passiv 63

Perfekt 63

Phantasie 93

Piel, Harry 97f

pingelig 71

Plage s. Arbeit

Plural (falscher) 92

Polgar, Alfred 32

Pointen s. Rede, Wortwitz

Political Correctness s. feministische Sprache, Sprachtabus

Politikerjargon 24, 52

popeln 58

Pöppel, Ernst 145

Portfolio 93f

Potenzial 94

Pound, Ezra 39

Prädikat s. Subjekt:Prädikat

Präteritum 63

Predigt 140

Pressemitteilungen s. Öffentlichkeitsarbeiter

proaktiv 72

Problem 91

Professorendeutsch s. Wissenschaftsjargon

Profit 74

Propaganda 156

Prospekte 13, 17, 160

Protokoll 75, 167–169

provokativ 72

Prozess 94

Public Relations s. Öffentlichkeitsarbeiter, Wirtschaftsjargon

Pulitzer, Joseph 43

Punkt-Orgien 128–132 s. auch Satzzeichen

qualitativ hochwertig 70

Quantensprung 48

Quintilian 136

Rabelais, François 79

Radio, Rundfunk 135, 137–139

Rapper 177

Rau, Johannes 140

Rechtschreibung 146, 174

Rechtssprache s. Juristenjargon

Rede 31, 42f, 46f, 89, 92, 127f, 136, **138–143**

Redefluss s. Erzähltechnik, Satzmelodie

Redensarten 31, 42, 47–49,
53, 67, 87f, 163, 175 s. auch
Redundanz (ärgerliche),
Modewörter

Redundanz
– ärgerliche (Geschwätz) 25,
31–33, **35–38**, 42f, 136,
140f, 144, 146, 148, 151,
167, 173, 177
– nötige 33, 38, 40
– erwünschte 33f, **38–43**, 136,
141, 167
– strukturelle 33

Reiseführer 75, 167f

resignativ 72

Rhetorik s. Rede

Rhythmus s. Satzmelodie

Ringelnatz, Joachim 35f

«Rottenneighbor» 151

Rousseau, Jean-Jacques 104

Russell, Bertrand 46

Sarkozy, Nicolas 27–29

Satzanfang 123–126, 132

Satzbau 97, **101–132**, 146,
170, 177

Satzlänge 118f, 136 s. auch
Atem

Satzmelodie, Satzryhthmus
105, 123–131, 167

Satzzeichen 125–132, 174

Schablonen s. Modewörter,
Redensarten

Schachtelsätze 97, 102–104,
112, 120, 137, 142, 151, 163,
168, 170, 177f s. auch Nebensätze, Attribute, Überfrachtung

Schiller, Friedrich 52, 61, 88,
105, 122, 129f, 132

Schleusenwärter 155

schlicht und einfach 31

Schopenhauer, Arthur 55f, 99,
150

Schrift 135 s. auch lesen:hören

Schröder, Gerhard 46

Schulaufsatz, Schule s.
Deutschlehrer

schulisch 69

Schumpeter, Joseph 42

Schwatzhaftigkeit, Schwulst
s. Fachjargon, Redundanz
(ärgerliche)

Seehofer, Horst 71

Segment 90, 94

Selbstironie 46

Semikolon 131

sensibilisieren 59

Silbenzahl s. Einsilber, Wortlänge

Simultandolmetscher 111

situativ 69

SMS 9

Solschenizyn, Alexander 18

sorgen für 65

Soziologie s. Wissenschaftsjargon

Spektrum 94

«Spiegel» 36, 66, 110, 151,
160, 162, 175

Spiegel Online 66, 87, 93,
153, 161, 163

Sponti-Sprüche 44

Sprachklischees s. Redensarten, Modewörter

Sprachmarotten s. Mode-
wörter, Fachjargon, Anglizismen

Sprachnorm s. Grammatik,
Rechtschreibung, Zeichen-
setzung

Sprach-Ökonomie s. Redun-
danz

Sprachrhythmus s. Satzmelodie

Sprachtabus 78–81, 99

Sprechblasen s. Redensarten,
Modewörter, Redundanz
(ärgerliche)

«Stern» 13f, 41, 149, 160, 162,
175

Stiegler, Ludwig 28

Stilebene s. Wortwahl, Fachjargon

Stilmittel
– *gute*: Pars pro Toto, Redundanz (erwünschte) s. diese
– *schlechte*: Modewörter,
Redensarten, Redundanz
(ärgerliche), Schachtelsätze
(s. diese)
– *nach Ermessen*: Ellipse,
Ironie, Übertreibung
(s. diese)

Strauß, Franz Josef 42

Strunk, William 23, 32, 54

Stummelsatz 130

Subjekt:Prädikat 110, 117f,
123–126, 131

Substantive, Nominalstil
59–61, 74, 105f, 108, 175
s. auch Wortlänge, Syno-
nyme

«Süddeutsche Zeitung» 27, 45,
54, 71f, 75, 92f, 96, 130, 140,
154, 157

SZ-Magazin 15, 17

Süskind, Patrick 61

Synergie 95

Synonyme 51, 72–77, 99,
167, 171

Syntax s. Satzbau

Tagebücher 87, 149

«Tagesspiegel» 88f, 102

Tätigkeitswörter s. Verben

Tautologie 70 s. auch Wortdreimaster

Teaser 20, 161, 163 s. auch
Anfang

Telegramm 35f

Teleprompter 139

Tempo s. Lesefluss, Ungeduld

thematisieren 59

Thoma, Ludwig 32, 45

Thukydides 132

Tischrede 140

Tucholsky, Kurt 46, 142

Twitter 9, 15, 37, 148–153,
156–158, 174

Überfrachtung (zu viel in
einem Satz) 97, 102–104,
106–108, 112, 120–122, 132,
170

Überschriften 68

Übertreibung 47

Umklammerungsgesetz
111–116, 131 s. auch Satzbau

Umstandsangaben 123f
s. auch Satzbau

understatement 46

Ungeduld (zunehmende) 19f, 145f, 161, 179

Unterforderung 87–95

Untertreibung 46

Urnengang 75

Verben

– Lob der 59–62

– Warnung vor 64–66

Verbklammer 111–116, 131 s. auch Satzbau

Vergangenheitsbewältigung 54

Vergasung 81

Vergleiche s. Bilder und Vergleiche

Vernes, Jules 39f

verraten 66

Verständlichkeit 75, **101–122**, 167–169, 177f s. auch Fachjargon, Wortwahl

Verständlichkeitsforschung 10, 51f, 87, 111–116, 118

verwahrlost 24f

verweilen 59

Vierbeiner 74

Visite 74

Vogel, Hans-Jochen 42

vorprogrammieren 65

Vorträge s. Reden

vorwärtsschreiben s. Lesefluss

Vorwissen 34, 39f

Wagner, Richard 44

«Washington Post» 157

Weitschweifigkeit s. Redundanz (ärgerliche), Redensarten

Wellness 82f

«Welt» 154f

«Weltwoche» 18

Werbung (Sprache der) 13, 26, 72, 83f, 93, 159, 175f s. auch Wirtschaftsjargon, Anglizismen

Westphal, Gert 137

Wieland, Christoph Martin 140

Wirtschaftsjargon 24, 52, 59f, 64–66, 69–72, 78, 82, **84–95**, 98f, 160 s. auch Anglizismen

Wissenschaftsjargon 9f, 16, 22, 24, 52, 65, 69, 84f, 96f, 100, 109, 151, 159, 170f, 178

Witterungsbedingungen 52, 55

Wolkenkratzer 46

Wortdreimaster 55–57, 90, 94

Wörter s. Modewörter, konkrete Wörter, Wortlänge

Wort-Inflation s. Redundanz (ärgerliche), Modewörter, Redensarten

Wortlänge 52–57, 99, 118, 138, 176

Wortstellung s. Satzbau

Wortwahl s. Einsilber, konkrete Wörter, Modewörter, Fachjargon

Wortwitz 16, 44, 49, 140–143

Wright, Brüder 41

Würzwörter 30f

Zahlen (Hörbarkeit von) 138

Zeichensetzung s. Satzzeichen

«Zeit» 15

Zeitaufwand s. Arbeit

Zeitfenster 113f, 145

zeitgleich 72

zeitnah 72

Zeitschriften 159–162

Zeitung (Zukunft der) 37, 59, 137, 154–162 s. auch Journalisten, Online-Journalismus

Zielsetzung 55

Zimt 22f

Zola, Émile 68

Zunftjargon s. Fachjargon

Zusammenhang, in diesem 31

zwar – aber 130

zwischenzeitlich 72